\愛すべき/
南日本の村たち

四国・九州・沖縄
44村の情報がいっぱい

村ライター
川合宣雄 著

まえがき

　このシリーズの姉妹本となる「旅好家とめぐる日本183村・前編」を上梓したあとで、大いに考えるところがありました。それは本作の内容が、読んでくれる人の助けになっているのかという疑問が拭えなかったからです。

　日本には行政上の村が183あって、その村を全部めぐってやろう、全村踏破の証拠として、すべての村役場の写真を撮ってやろう、という思いから始まった村めぐりですから、自分自身の目で見、耳で聞いたこと以外は書き表すことができないというのは当然なのですが、それでは単なる物見遊山的で個人見聞録の範疇から脱することができずに、あまりにも読者に対して不親切ではないか、と考えてしまったのです。

　私のこだわりから始まったお気楽な旅が、本になった途端にある種の情報提供のツールとなってしまったには違いなく、もっと有用な情報を入れる必要があるのではないか、ファミリーや多種多様な趣味の人が参考にできるような詳しい説明があった方がよいのではないかと痛感したのです。

　現実に自分で目撃したり体験したこと以外は書いてこなかったので、各村についての比重が極端に偏っていて、ある村は半ページ、またある村は7ページなんて不公平感もはなはだしい内容になり、読者の期待を裏切った面もあったのではないかと大いに反省、新シリーズではこれらの短所を極力減らして、有用で実際に活用できる情報をたくさ

ん載せていこうと考えています。

　そうなると各村役場のホームページを参考にするのが一番安心かつ最新なわけで、本文内にホムペ情報とあるのは、役場あるいはそれに準ずる関係機関から情報提供されたものですから、文責は私にはありません、と最初にことわっておくのは、記述内容が間違っているのか方言なのか、それともある種の意図なのか判断がつきかねる場合はそのまま転載しているから。

　いずれにせよ、この南日本編に出てくる村は、四国九州、そして沖縄に存在する各村です。いわゆる東西日本を分けるときの分布になっていないのは、このあとが西日本篇、北・東日本編と続くからであって、今後ともご期待ください。

村ライター　川合 宣雄

◆ 目次 ◆

まえがき ……………………………………………………… 3

第1章 四国ルート

徳島県佐那河内村 ……………………………………… 10

高知県馬路村 …………………………………………… 16

高知県北川村 …………………………………………… 26

高知県芸西村 …………………………………………… 34

高知県大川村 …………………………………………… 38

高知県日高村 …………………………………………… 45

コラム 道の駅で車中泊 …………………………… 51

高知県三原村 …………………………………………… 57

第2章 九州ルート

大分県姫島村 …………………………………………… 64

福岡県赤村 ……………………………………………… 71

福岡県東峰村 …………………………………………… 78

熊本県産山村 …………………………………………… 83

熊本県西原村 …………………………………………… 88

熊本県南阿蘇村 ………………………………………… 95

宮崎県椎葉村 …………………………………………… 101

宮崎県諸塚村 ………………………………… 109

熊本県水上村 ………………………………… 113

宮崎県西米良村 ……………………………… 118

熊本県相良村 ………………………………… 123

コラム 熊本のうまいもん ………………… 127

熊本県五木村 ………………………………… 130

熊本県山江村 ………………………………… 136

熊本県球磨村 ………………………………… 142

第3章 鹿児島県の島と村

鹿児島県三島村 ……………………………… 148

鹿児島県十島村 ……………………………… 156

コラム 卑弥呼の墓を探せ ………………… 165

フェリーで帰りましょう ……………………… 170

コラム K・克蔵クンのこと ……………… 172

鹿児島県宇検村 ……………………………… 174

鹿児島県大和村 ……………………………… 184

第4章 沖縄ルート

コラム 沖縄には飛行機で ………………… 194

沖縄県渡嘉敷村 ……………………………… 196

目次

沖縄県北中城村 ································ 203

沖縄県中城村 ··································· 212

沖縄県伊江村 ··································· 219

沖縄県今帰仁村 ································ 224

沖縄県伊平屋村 ································ 232

沖縄県伊是名村 ································ 236

沖縄県大宜味村 ································ 242

沖縄県国頭村 ··································· 246

沖縄県東村 ····································· 250

沖縄県宜野座村 ································ 255

沖縄県恩納村 ··································· 260

沖縄県粟国村 ··································· 267

沖縄県多良間村 ································ 273

沖縄県渡名喜村 ································ 281

コラム ひめゆり学徒隊だけじゃない ········ 287

沖縄県読谷村 ··································· 289

沖縄県北大東村 ································ 304

沖縄県南大東村 ································ 311

沖縄県座間味村 ································ 317

番外エッセイ 勝手に沖縄ナンバーワン ···················· 320

あとがき ··· 323

7

第 1 章

四国ルート

四国取材ルート図
ジグザグ線は車走行路、点線はフェリー航路を示す

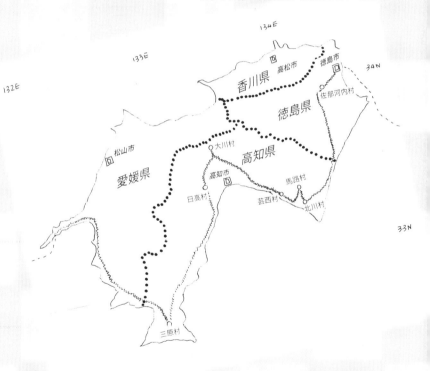

徳島県名東郡佐那河内村(さなごうちむら)

北緯33度59分35秒　東経134度27分12秒
面積42km²　村人1921人　財政力指数0.16

　今回はフェリーを使って、四国と九州にある村をめぐる旅となりました。時は梅雨入り前の、暑くも寒くもない絶好の旅行日和のはずだったのが、出発時には時ならぬ暴風めいた大雨、それでもフェリーに揺られている内に西の方から晴れてきて、徳島港に着いたときには心が晴れ晴れとするような好天でした。

　小さな村には不釣り合いなほどに豪華な村役場に入って一番に目に入ったのが、そこに掲示されていた令和6年4月30日現在の人口と世帯数でした。住人が2125人で世帯数が935は平均的な数字ですが、選挙人名簿に記載されているのが1925人となっていてびっくり。ここには18才からの選挙権が反映されているだろうから、なんと17才以下のいわゆる子どもが200人しかいないことになるのです。これは

単純に17才以下の子どもの数を出しただけで、正式な年少人口は15才以下をカウントするのですから、さらに数字は小さくなります。

　これはもう、年齢構成がいびつだなんて生半可なことではなく、終末的に異常なことではないでしょうか。だって、子どもが住民の中の10パーセントしかいないなんて、私ら団塊の世代にすれば実におどろくべきというか、嘆かわしい情況です。

　それでもこれが、日本の各村がおかれた現実なのでしょう。子育て共助をうたって行政サービスを手厚くしている愛知県舟橋村のように、年少人口が20パーセントを越えている村もありますが、おそらくはそちらの方が特殊なケースなのでしょう。とすれば実に喫緊に解決しなければならない切実な問題なわけで、私も及ばずながら一緒に考えていきたいと思います。

　それはそうとして、対応に当たってくれた職員に推しをいくつか挙げてくださいと頼むと、即座に大川原公園、シャクナゲ、棚田米、さくらももいちご、そして残念ながら全国で2位のすだちと答えてくれました。すだちは隣接する神山町が一番だそうで、それでもこんなに誇らしく思えることをすらすらと出してくれる人は珍しく、敬意を表してその全部をパンフレットを参考に説明してみます。

佐那河内村 情報

大川原高原：360度のパノラマ風景！ 3万株のあじさいが人気のスポット。標高1019mの頂上からは徳島平野が一望でき、遠くは淡路島、和歌山県まで見渡せる360度のパノラマ風景が楽しめます。

　頂上付近には、アワノミツバツツジやアセビなどが群生、遊歩道が整備され、ハイキングに最適です。夏期には避暑地として人気があり、3万株のあじさいが咲き誇ります。晴れの日には満天の星空が広がるスポットで、牛の放牧場もあります。

徳円寺のしゃくなげ：文政7年に徳円上人により開基、境内に群生するしゃくなげの花は新緑の中でひときわ色鮮やかです。

棚田と佐那河内米：村には、府能（ふのう）棚田や二井田（にいだ）棚田などの美しい棚田風景が広がり、昔ながらの田植えハゼかけによる稲作も行われています。また佐那河内米は江戸時代、阿波藩主蜂須賀大名への御膳米として献上され、数ある阿波國の名物のうち、当時の相撲に見立てた番付表では「小結」と紹介されたほど。県内でそのほとんどが消費される幻の米です。

さくらももいちご：佐那河内村の特撰ブランド商品として、25軒の農家さんが丹精込めて栽培している超高級いちごです。大きさ、甘さ、酸味のバランスが良く、一度食べればその値段も納得がいくでしょう。口に含んだ瞬間に果汁が口中にほとばしり、甘みと酸味のバランスが素晴らしい、本当に美味しいいちごを味わいたいあなたにイチオシの一品です。（一粒5000円の値がつくこともあるとの情報も）

すだち：村を代表する特産品。焼き魚などにかけたり、皮をすり下ろして薬味として使う柑橘系果実で、近年は皮に含まれる"スダチチン"の健康効果にも注目が集まっています。遠く万葉の昔から愛用され、南国の太陽、清らかな水、黒潮の香りに育てられたすだちは、すがすがしい味覚として皆様にお届けしています。

　徳島市の境界から村に入った途端、ものすごく険しい道路になりました。「落石注意」なんて看板通りに、そこら中に大小の石が転がっていますが、どうやって注意したらよいのでしょう。

　そんな曲がりくねった道を、上を見たり下を見たり横を見たりしながら慎重に走っていくと、まるでお城かと思えるほどの立派な石垣をめぐらせた高い施設がありました。村役場も財政力指数の割には立派で、場違いな感がするほどです。

　帰り道に、どうしても気になって石垣横の道を車で上がっていくと、そこには「高樋地区汚水処理場」がありましたが、やはり汚水処理場にしては豪華な造りだと感じました。

　そして極めつきはトンネル工事であって、往路では気づかなかったトンネルを作るために、山に穴を開けているのです。その部分はほかと比べて特に危ないというわけでもなく、何のためにここだけトンネルにするのか大いに疑問を抱かせる工事でした。ひょっとしたら佐那河内村では土建屋が幅を利かせていて、そんな風に緊急性の希薄な土木工事をやっているのでしょうか。

実をいえば村役場では村長さんにインタビューしており、写真まで撮らせてもらったのですが、こんな批判的な書き方をしたあとでは顔写真を載せるわけにもいかないので割愛しました。

　これでもう、かなりのページ数を稼いではいるのですが、ほかの村との整合性を保つために、村役場の**ホームページ**からいくつかの見所をあげてみます。

HP情報

花見：佐那河内村のお花見スポットのほとんどは、少人数でのんびりと楽しめる場所が多く、おすすめスポットのひとつとして国道438号線から5分ほど車で山を登った場所にある御間都比古神社です。その昔忌部と海部という民族の交流地点だったという言い伝えのある神社ですが、境内及び周辺にたくさんの桜が植えられ、あたりを桜に包まれた空間をゆっくりと散歩することができます。桜の時期は徳島の中西部に来られることがありましたら、お立ち寄りください。

村のおっさん：このお店で生まれ育った桑原登代子さんが、いつも笑顔で迎えてくれる。「（有）村のおっさん」は、豆腐を製造販売しているお店で、名前は変わりつつも100年以上の歴史がある。以前は豆腐だけでなく、うどんやこんにゃくの製造販売も行っていたそう。今は、豆腐以外にお菓子なども販売している。ホウ酸やタンサンなど、田舎ならではのものが並んでいると思ったら、レジ横にはパンケーキミックスがあり、色んなものがミックスされた楽しさのあるお店だ。特に、夕方から登

場するたこ焼きが、これまた絶品。登代子さんが丁寧に焼いてくれ、じゅわっと、かりっと、ふわっとしており、他とは一味違うおいしさだ。さらに、カラオケも完備されており、地域の方々の癒やしの場にもなっている。

　そして、（有）村のおっさんの自慢は、何よりも豆腐。日々研究を重ね、大豆の産地や製法にこだわって豆腐作りに邁進するのは、4代目の桑原年朗さん。今までに豆腐品評会で獲得した賞は数知れず。大豆の甘さ、滑らかな舌触りの中にも弾力が感じられる豆腐は、醤油をかけることすらためらわれる。最初は、何もかけず、もしくは少しの塩で、ぜひ食べてみてください！

嵯峨川の蛍：川沿いを静かに舞う蛍。佐那河内村の南側に位置する嵯峨地区を流れる嵯峨川では、5月末から6月初旬までの期間、地元の人々の協力で付近の街灯が一時消灯され、日没から21：00頃までの約2時間、川沿いを舞う蛍を間近で眺めることができます。

　有名な蛍名所と比較すると、数はそこまで多くないものの、優しい川のせせらぎを聞きながら、ゆったりと蛍と触れ合いながら散歩することができます。準備万全でお越しください。道路の上からも十分見られますが、嵯峨川に掛けられた小橋に降りて蛍を見ることもできますが、途中暗い斜面を下りるため、お越しの際は必ず懐中電灯、虫よけ、マムシなどの足回り対策を徹底してください。周辺の方や、環境へのマナーもお忘れなく。

高知県安芸郡馬路村(うまじむら)

北緯33度33分20秒　東経134度02分54秒
面積165km²　村人683人　財政力指数0.16

　徳島県から高知県に入ると、車窓左手にきれいな海が広がります。海は穏やかできれい、天気は晴朗、そしてカーステレオから流れてくるのがアンニュイなエマニエルのテーマときた日にゃ、眠くならない方がおかしい、くわばらくわばら。

　山道を走ること1時間で、ようやく辿り着いたのが、山の中とも思えない素敵な村役場でした。背景の山の緑ともマッチした、包み込むような優しいカーブを描いて静かにたたずむ馬路村役場は、見るためだけに訪れてもいいかも知れません。

　余談ですが村おこしの一環として、日本に183ある行政上の村を全部めぐるための村章スタンプラリーというアイディアはいかがでしょうか。各村役場の玄関先にスタンプ

とゴム印を備え付け、御朱印帳も用意して、みんなが好き勝手な時に出かけていって判子を押し、ついでに縁側ご接待を受けるなんて素晴らしいじゃありませんか。そんな会があるのかどうか知りませんが、是非とも全国村連合会で議題にのせてください。

　ついでですが、日本のすべての村には村旗があります。デザイン的にどうかと首をひねるようなのも、同じようなものもありますが、それはそれで面白いし楽しいものです。この村旗のミニチュア版を各村で作り、村役場か道の駅、あるいはそれに準じた場所だけで限定販売するのです。その村に行かなければ絶対に入手できないとなれば、それなりに希少価値が生じますから、そんなマニアにはたまらないでしょう。

　村章は村役場で押せるけれど、村旗は村のどこかに行かなければ買えない、なんてミステリー仕立てにしても面白いかも知れません。冗談半分の提案ととられると心外で、おらが村にしかない物としての村章と村旗は、必ずや村の財政健全化に貢献するものと思います。

　それはそうとして、ここでも観光セクションの人にお勧めを伺うと、即座にゆず、やなせ鉄道、そして聞き鮎グランプリで2度も栄冠を勝ち取ったという安田川のあゆをあげてくれました。なんだか同じようなパターンになりつつありますが、やっぱり彼女の熱意に敬意を表して**パンフレット**から引用してみます。

馬路村 情報

ゆず：本格的に栽培が始まった当初は、無骨な形で見栄えが悪かったせいもあり販売が低迷、そこで方針転換をしてユズ酢、ユズの佃煮、ジャム、ユズ味噌などの加工品を手がけてヒット、清涼飲料水の「ごっくん馬路村」も販売量を伸ばしている。

　そんなユズを堪能できるのが、村ぶらオススメの半日ユズコース。まず馬路村ふるさとセンター「まかいちょって家」で説明を聞き、ゆずの森加工場で「ごっくん馬路村」がどしどし作られていく過程を見学、次には馬路温泉まで足を伸ばしてユズ料理を味わいます。

　麺類やソフトクリームなどもあるが、著者の好みとしては、鶏の唐揚げにさっぱり風味のゆず酢タレをかけた「ゆず酢鳥丼」だろうか。腹ごなしにレンタサイクルで村めぐり、汗をかいたら温泉でリラックス、明日からのエネルギーをチャージします。

HP情報

安田川のあゆ：ダムのない清流安田川は高知県東部に位置する小河川だ。水源は標高1,228mの碑己山にあり、流程は約30km。そのうちアユがいるのは約24kmとほぼ流域のすべてで、黒潮洗う土佐湾から多くの天然アユがソ上する。上流の馬路村は総面積の97%が山林で、うち75%は国有林が占める。特に魚梁瀬地区の千本杉は樹齢200～300年の巨木であり、それが約9,000本もある。林業に加え、近年はゆずの産地としても全国的に有名だ。

第1章　四国ルート

　日本有数の多雨地帯で、「ビワの実のよう」と言われる大粒の雨が降る。年間平均降水量は4,000mmを超えるが、特筆すべきは流域にダムがないこと。そのため安田川は水の引きが早く濁りにも強い。釣りができる機会は、高知県下のアユ河川のなかでは比較的多いといえる。

　馬路村内の安田川は当地で「アメゴ」と呼ばれるアマゴも多いが、安田川といえばなんといってもアユ釣りだ。すぐそこが海の河口周辺に始まり、馬路村内の相名の堰堤まで広範囲に天然アユがナワバリを張る。例年、天然アユが多いのは安田町と馬路村の境界辺りまで。河口から川と並行に県道が続いているので川にも入りやすい。川を横目に、釣り人の有無や流れの状況を確認できる。

　アユは一般に早くソ上したものが上流部に行き、下流部は小型が多くなる傾向がある。だが、安田川では必ずしもそうならない。下流部でも18cmクラスの食べごろサイズがよく掛かる。魚の密度やエサの採りやすさ、水温、さまざまな要因があると考えられるが、安田川は河口まで勾配があり、河口付近にもアユが好む大きめの石がゴロゴロとしている。それらの環境が相まって、海がもう目と鼻の先という瀬でもまずまずの型が釣れるのである。

　注意点はボウズハゼが多いこと。アユが常食する藻類を食べ、ナワバリ意識も強い魚で、オトリアユが近くに来ると追い払おうとする。この魚が頻繁に掛かってしまうと、オトリが早く弱ってしまい釣りにくい。ボウズハゼを避けるには、大石周りをあえて避け、小石底になっている部分を重点的にねらうとよい。清流めぐり利き鮎会では、第一回と第三回にグランプリを取っ

ているが、最近は振るわない。

魚梁瀬森林鉄道：かつて林業で栄えた馬路村には木を運ぶための森林鉄道が走っていた！　魚梁瀬地区には、実際に走っていた森林鉄道が動態保存されています。乗車体験のほかに、運転体験もできますよ!!　春には桜、秋には紅葉が美しい約400メートルのコースを2周走ります。

　運行日は日祝日で、お昼休みを挟んでの10時から15時までの運行、乗車料は大人400円で子どもは200円、運転体験は中学生以上1000円となっている。日、祝日以外を希望する方は事前にお問い合わせください、ともあるから、ある程度の人数がいるのならば、平日でも動かしてくれるのかも知れない。要確認。

· ·

　以上は役場で勧められた魚梁瀬鉄道だが、青い車体に白線が引かれた「野村式・谷村式ディーゼル機関車」が、豊かな自然の中を悠然と周回している。

　そしてものすごくややこしいのが、馬路村にはもうひとつの森林鉄道が走っていて、そっちは馬路森林鉄道と呼ばれて馬路地区を周回している。

　実物の3分の2サイズに復元された蒸気機関車は、カラーリングが機関車トーマスに登場してもおかしくはない雰囲気で、子どもだけ乗せておくのがもったいないほどに素敵だ。料金体系は同じようだが、8月は雨天以外は毎日運行とあるから、使い勝手は良さそう。

　この近くにはもうひとつのおもしろそうな施設があって、それが急斜面で伐り出された木材の運搬用に使われた方法を、観光用に再現したインクラインで、水だけを動力

第1章 四国ルート

源にして人を乗せ、ケーブルカーみたいにゆっくりと登っていくというもの。この両方に乗れば、子どもだったら大よろこびするに決まっている。だって大人というには年を取り過ぎた筆者でさえ、乗りたくてたまらなかったもの。訪問時はあいにく平日だったので運行していなかったのが、残念！三つの推しには入っていなかったけれど、私が**パンフレット**を見ただけですごいと思った場所があるので追加してみました。

千本山：馬路村魚梁瀬の円山公園より北に車で約30分、中山林道と西川林道の間に位置する千本山。

　魚梁瀬は、全国屈指の雨量と温暖な気候により、昔から良質な魚梁瀬杉が育ち、豊臣秀吉の時代には、神社仏閣の建立に使用されたといわれ、藩政時代には御留山として珍重されました。

　中でも千本山には、樹齢200年〜300年もの天然の魚梁瀬杉が悠々と立ち並びます。樹高54メートル、直径212センチの「千本山　橋の大杉」や「根上がり杉」「鉢巻き落とし」ら迫力あるスギが存在し、現在、一切の伐採等を禁じる保護林に指定されています。

　じっくりと森を楽しむ、一泊二日の千本山"展望台"コースは次の通り。

1　魚梁瀬森林公園オートキャンプ場

　魚梁瀬ダムが目の前に広がるログハウスで一泊。気持ちのいい朝を迎えたら、千本山へ出発！

2　千本山登山口に到着

「千年橋」の下には清らかな西川が流れる登山口。「千本山　橋

21

の大杉」が迎えてくれます。

3　親子杉

　小さい杉と大きな杉がくっつく「親子杉」が登場、ここから
ゆるやかな山道となり、「根上がり杉」「写真場」「鉢巻き落とし」
と見所が続きます。途中には木のベンチがあるのでこまめに休
憩を。

4　展望台

　到着！「夫婦杉」や女優・中野良子さんが命名の「真優杉美」
が存在。晴れたら魚梁瀬ダムが架かる赤い吊り橋が見えるかも！
お弁当タイム♪　バーナーを持参、山で食べる即席ラーメン、
コーヒーは別格だね！

5　円山公園

　レストラン杉の家でひと休み。さらに下って

6　馬路温泉で足腰の疲れをほぐしてね。

　安田川を目の前に、良質な温泉が自慢の宿。女性風呂限定の
バラ風呂も人気。本館と別館があり、ゆずやアメゴの料理が楽
しめます。

・・・

　以上でパンフレットを参考にした紹介を終わりますが、
馬路村独自の取り組みとして『山の学校留学制度』がある
ので、引用してみます。この留学制度のユニークなところ
は、保護者も一緒に引っ越して同居しなければいけないと
いう部分で、そのための住宅や仕事も用意してあるのです。
公正を期すために募集要項をそのまま転記しますから、これ
はと思った家族はみんなでよくよく相談してみてください。

馬路村立魚梁瀬保小中学校『山の学校留学制度』募集要項

1　目的

　　この制度は、山村等への留学を希望する児童生徒を積極的に受け入れることにより、豊かな自然環境と人情味溢れる地域の人々との触れ合いや地元の児童生徒との交流、極少人数校の特性を活かした個性重視の教育により、豊かな心を育むとともに魚梁瀬の児童生徒は従来の特定の友達関係から、その範囲が広がることによる人間関係の難しさ又、その良さを体験したり、競争心をもったりすることによって自己の向上心を育むという相互作用により、魚梁瀬保小中学校の教育を高めることを目的とする。

2　募集基準

　　この制度の留学児童生徒は次のとおりである。

（1）この制度の目的を理解し、魚梁瀬保小中学校での就学を希望する児童生徒とする。

（2）強い登校、勉学意欲をもちながらも、いじめ等により通常の登校が阻害されている児童生徒とする。

（3）保育児童から中学校2年生までの児童生徒とする。（ただし、継続留学の場合は、中学校3年生までの児童生徒とする。）

（4）原則、欠学年を除く児童生徒とする。

3　期間

　　この制度による留学受け入れ期間は、4月1日から翌年3月31日の一年間とする。ただし、特別（短期6ヶ月及び途中留学等）の場合は魚梁瀬保小中学校山の学校推

進委員会（以下「推進委員会」という。）で協議する。

4　要件

　　この制度による留学受け入れには、次の要件を満たさなければならない。

（1）留学児童生徒は、保護者（子に対して親権を行う者（親権を行う者のないときは、未成年後見人）をいう。以下同じ。）またはそれにかわる者との同居を条件とする。

（2）留学児童生徒及び保護者は、山の学校留学用住宅に居住するものとする。

5　申し込み

　　この制度への申込者は、山の学校留学制度募集要項に基づき申し込みをするものとする。

6　留学の諾否

　　この制度への留学の諾否は、面接委員の意見を聞いて推進委員会が決定する。

7　留学の契約

　　受け入れを決定された児童生徒及び保護者は、推進委員会と留学契約を結び、同時に山の学校留学用住宅管理規定に基づき留学用住宅の申し込み及び、契約を結ぶものとする。

8　経費

（1）受け入れを決定された保護者は、山の学校留学用住宅管理規定に基づき住宅使用負担金を納入しなければならない。

（2）住宅に係る費用は留学保護者の負担とする。

第1章　四国ルート

(3) その他、引っ越し経費、児童生徒の就学に要する経
　　費等すべての経費は、留学保護者の負担とする。

9　留学の解約

　　次の事項に該当する場合は、留学契約を解約すること
　ができる。又、それに伴い山の学校留学用住宅の契約も
　解約するものとする。

(1) 山の学校留学用住宅管理規定に違反したとき。

(2) 留学児童生徒の保護者が、山の学校留学制度の目的
　　を著しく逸脱したとき。

(3) 留学児童生徒が山の学校留学制度の目的を著しく逸
　　脱したとき。

(4) 留学児童生徒及び保護者から解約希望を申し出が
　　あったとき。

(5) その他、推進委員会と保護者で留学契約の履行を継
　　続しがたい理由が生じたとき。

10　その他

　　この要項に定めるものの他、トラブルや必要なことが
　生じた場合は、保護者と推進委員会が協議し、善処する
　ものとする。

高知県安芸郡北川村(きたがわむら)

北緯33度26分52秒　東経134度02分32秒
面積196km²　村人1091人　財政力指数0.19

　馬路村からもっと奥に入り、そこから北川村を縦断するような道を教えてもらったのですが、山道は敬遠して一度海に出て、それから改めて北川村に入っていきました。

　実はこの道は2時間ほど前に通った所で、運転中に「北川村モネの庭」の看板も見かけたのですが、イノシシ年だから急な進路変更もできずに、横目で見ながらも素通りしていたのでした。

　村役場訪問より先に、モネの庭に行きます。ここは前述の通りにずいぶん以前にも訪れていて、今回は二度目の入園です。本場よりも人数が少なくてゆっくりと見て回ることができるのはよいのですが、なんとなく物足りなく思えるのは、やはり初回訪問時の感激が大きかった反動でしょうか。

第1章　四国ルート

　それでも随所に本家にも勝るとも劣らない雰囲気が漂っていて素敵ですが、詳しい描写はホームページから引用しますのでご参考に。

　パリ郊外の本物のモネの庭の混雑ぶりは、拙著『**旅好家とめぐるパリ・モンサンミッシェル**』に詳しいので、興味のある方はどうぞ。

　村役場の写真と看板のアップを撮ってから、職員に尋ねると、一番が年間10万人が訪れるモネの庭、二番が紅葉時期が特に素晴らしい北川村温泉、そして三番目に中岡慎太郎の生家をあげてくれました。

　個人的に興味を持ったのが中岡慎太郎の生家でしたが、時間的制約があって断念しました。実のところ、私には幕末期を描いた作品がいくつかあるのですが、時代小説市場は新人作家が食い込む余地がないほどにビッグネームで占有されていて、それこそ食い込めないでいるのです。今のライトな感覚ではなく、古文書や漢文を多用したヘビーな読み口が現代にそぐわないのかも知れませんが、そんな本だからこそおもしろそうだと考えてくれる出版社さんがいらしたら、コンタクトをお願いします。

　それはそうとして、全国シェアの約半分を占める柚子生産県である高知県の中でも、北川村はトップクラスの生産量を誇っている、柚子栽培の歴史ある産地。

　庄屋見習いだった中岡光次（慎太郎）が飢饉に備え、村内に自生していた柚子を塩代わりや調味料として使おうと作付けを奨励、そのこともあって昭和40年頃から本格的な栽培が始まりました。

27

柚子には、種から育てて実を付けるまでに通常15年以上かかる実生（みしょう）と、柚子の枝を接ぎ木にして5〜6年で実を付ける接ぎ木の柚子がありますが、北川村は県下でも実生の出荷が一番多いのです。

　実生ものは香りが高く酸味も強めで、栄養価の高いオリが沈殿したり、浮いているのが特徴。

　北川村ではどの家も数本の柚の木があり、11月頃の収穫期になるとユズ酢にして、田舎寿しの酢飯や大根おろし、刺身や豆腐に使うなど、日常の食生活に使われています、とパンフレットにはありました。

　ちなみにユズを使った加工品も豊富で、ゆず羊羹、ゆずサブレ、ゆずサイダー、ゆずポン酢、実生ゆずしぼり、ゆず味噌、ゆずシフォンケーキ、ゆずかおるふるふるゼリーなどがある。

　そのほかにも見どころが豊富な北川村、とても全部は見て回れないので、ホムペからの情報で行きたいところを検討してみてください。

HP情報

　北川村は世界で唯一再現をゆるされた北川村「モネの庭」マルモッタンや、明治維新へ向けて活躍した幕末の志士、中岡慎太郎の記念館、美肌の湯として人気の北川村温泉などがあります。新緑の美しさ、奈半利川の川遊び、紅葉と柚子の香り、そして山間部の雪模様など、それぞれの季節に見どころがあります。施設と季節と、おいしいモノがある北川村を、まわってください。

　自然ハッピー北川村へ、ようこそ。青が眩しい空と川、白い川石、満天の星空、深き山。高知県北川村は「忙しい暮らし」の毎日からちょっとだけ休息したい日本中の人たちを迎え入れています。北川村にある自然と人のチカラで、無邪気になって帰ってもらうこと、それが私たちのハッピーなのです。

観光さんぽ　北川村モネの庭　マルモッタン：フランスから高知、北川村へ。印象派の巨匠クロード・モネの愛した風景がここにあります。

　モネの愛した庭として有名なフランス、ジヴェルニーにある**モネの庭：**彼は43歳から生涯の半分をこの庭とアトリエのある邸宅で過ごし、創作以外の時間を庭仕事に充てていたといいます。そうしたクロード・モネの愛した庭を、高知の北川村に再現したのが「北川村モネの庭マルモッタン」です。

本家・ジヴェルニーとの交流：相互理解が実り、1999年、それまで門外不出だった「モネの庭」の名称が贈られ、庭園管理責任者の協力のもと、モネの世界が創られました。そして、ジヴェルニーの庭への追及は今なお続いています。季節とともに、

色彩を変えるモネの作品のように、フランスの雰囲気のなかをゆっくり歩いてみませんか。

ボルディゲラの庭：2008年に誕生した「光の庭」は2020年に地中海の光と色彩、モネが惹かれた風景を感じることができる「ボルディゲラの庭」として生まれ変わりました。ヤシやオリーブなど地中海の植栽と、ツツジや柚子など高知の植栽を合わせた、世界に一つだけの庭となっています。

水の庭：モネの絵画の中の代表作「睡蓮」。そのスイレンが色とりどりと咲く池で、モネの描いた風景に出逢ってみませんか。池の周囲には「藤」や「柳」「桜」といった日本になじみ深い樹木を中心に、赤や黄色や青といった色鮮やかな草花たちが配置されています。

花の庭：画家のパレットのなかの色あわせを思わせるような庭が「花の庭」です。季節の花たちが彩り、バラのアーチやノルマン囲いの造形など、花壇ごとに花色を変えて楽しめるようにしています。展望デッキからの眺めは、空間の広がりを演出しています。

　名画の複製を展示したギャラリーや、モネグッズなどの販売をしているショップ。おなかが空けば、カフェ「モネの家」、手作りパン工房で休憩。お庭と一緒にぜひ、お楽しみください。

林鉄さんぽ　魚梁瀬森林鉄道軌道跡：木材と人と文化を運んだ森林鉄道の物語。森林鉄道施設として初めて国指定重要文化財に！当時の時代の香りが 漂ってきます。

　明治44年から昭和38年まで、中芸地区（5ヵ町村）一帯を結んでいた「魚梁瀬森林鉄道」がありました。木材を運ぶことが目的ですが、唯一の交通機関として人々の生活の足になり、

第1章　四国ルート

日用品等の買い出しや地域の交流ができました。今は軌道跡ですが、歴史遺産ともいえる橋梁やトンネルなど遺構が残っています。平成21年2月に近代化産業遺産群に認定、6月には森林鉄道施設として初めて国指定重要文化財となりました。

　北川村には「犬吠橋」「井ノ谷橋」「堀ヶ生橋」「二股橋」「小島橋」の五か所が指定されています。

堀ヶ生橋：奈半利川に架かるコンクリート造の充複式単式アーチ橋。近代に建築された複式単アーチ橋では、我が国最大級といわれています。（近代化産業遺産群）

二股橋：奈半利川支流の小川川に架かる無筋コンクリート造の充複二連アーチ橋です。橋長46.5m、スパンの長さ約20mあり、我が国最大級の無筋コンクリート造橋です。（近代化産業遺産群）

小島橋：奈半利川に架かる単線仕様の鋼製橋梁で、昭和7年に建造されました。森林鉄道遺産のなかで最も大規模な橋です。（近代化産業遺産群）

きたがわプロフェッショナル　きたがわの人たち

北川村では、独自の方法で地域を元気にする活動や、伝統ある祭りの存続、オリジナルの商品づくりなど、さまざまなグループ、団体がプロフェッショナルな活動をしています。まさに、今も進化している北川村なのです。

やまなみ太鼓：宮内保人さん。北川村を背負った創作太鼓がダイナミックに響く。

かかしの里づくり：上村尚幸さん。かかしが縁で、全国から訪問者が急増中。

かんばもちづくり：岡島和子さん。材料となるさつま芋やもち

米は自家製、かんばもち発祥の場所。

星神社総代、お弓祭り：1100年以上も続く1008筋の物語。

自然さんぽ　野根山街道：千年以上前の面影が残る、全国的に希な古道。時代、時代の史跡が点在する、歴史的・文化的遺跡をつなぐ街道です。

　野根山街道は奈半利町から北川村、東洋町野根まで、野根山連山を尾根伝いに歩く約35kmの自然遊歩道です。その歴史は古く、約1200年以上前から国司の移動のため整備され、人々の往来する道になり、藩政時代には参勤交代、中岡慎太郎ら幕末の志士の脱藩の道でもありました。

　北川村では今も根元の空洞で寝泊まりできる樹齢千年以上の「宿屋杉」や、街道の要所であった「岩佐関所跡」、藩政時代の杉並木が残る「旧藩林」など、当時の面影をとどめています。現在もウォーキングなどで楽しんでいる家族やグループをよく見かけます。

岩佐関所跡：街道の要所だったこの地には関所があり、参勤交代のため藩主の宿泊用の御殿などがありました。また獄中にあった武市半平太の解放と尊王攘夷の決行のために武装集結した「二十三烈士（二十三士）」事件でも有名になりました。

宿屋杉：昭和9年（1934）の室戸台風で倒壊しましたが樹齢1000年以上、木の周囲約16m超あり、旅人は根元の空洞で寝泊まりしていました。

甌穴岩群：国道493号にそって流れる小川川は、二股橋から上流に蛇谷林道入り口付近までの間、白い石が続き、なかには臼のように穴のあいた岩が点在します。これは巨岩に小石があたり、年月をかけて削られていったもので、群として見られるの

は珍しいといわれています。

不動の滝：「小島橋」の川下に架かる〈赤鉄橋〉を渡って左方向に進む先にある不動の滝は、3つの滝からなる名曝です。森林浴と滝のハーモニーを楽しみください。道中にはお不動様が祀られています。

星神社：木積地区にある星神社（金宝寺観音堂）の参道をあがっていくと、境内の広い空間に、樹齢数百年の杉が囲むようにあり、雰囲気抜群の場所。ここは悪魔退治、五穀豊穣を願い千年以上前から続く古祭「お弓祭り」の場所としても有名です。

かかしの里（島地区）：地域のお年寄りがくすっと笑ってくれるような事がしたいと一人の村民が始めたかかし作り。自宅の庭やバス停に座っている様子は生きている人間のようにリアルで話題を集めています。

子安地蔵：子授け、安産、子育てにご利益があるといわれているのが、松林寺境内にある子安地蔵で、村内外から大勢の方がお参りに来ます。

釘抜き様：野川地区、岡家の墓地にある釘抜き様は、釘抜き、腎臓胆石、尿道結石、安産にご利益があり、いろいろなトラブルの釘を抜いてくれる場所といわれています。参道の至るところに、釘抜きのお礼だったり、思いを綴った碑があり、それを読みながら杉並木の間を抜け、祠まで進んでください。

高知県安芸郡芸西村(げいせいむら)

北緯33度31分37秒　東経133度48分32秒
面積39km²　村人3579人　財政力指数0.23

　きれいな土佐湾を左手に見てひた走ること小一時間、今回はビートルズの曲と共に芸西村に入りました。役場で尋ねると、村人は3573人で世帯数は1763と即答してくれました。ついでながら、冒頭の村名に続いて記載している面積と人口はウィキペディアからのもので、現実とかけ離れた数字が出る場合もあるのですが、ここでは見事な近似値を見せました。

　見どころをあげてもらうと、琴ヶ浜松原野外劇場、竹灯り、ブルースターの三つが出されました。今までの例から、もっとポピュラーなものが出るのだろうと予想していた私は、どれも理解が及ばないので説明してもらいました。

　野外劇場は、東西4キロと長い海岸線に沿って、日本三大松原に入ってもおかしくないほどの見事な防風林があり、

第1章　四国ルート

そこから海に向かって突き出す形の無蓋の木製舞台で、ここでは観月の宴や浜ヨガなどの恒例行事がおこなわれます。

その中でも最大の事業が竹灯り（たけあか）で、数百本の竹に波や星などを表現して大小の穴を開け、中のろうそくに火を付けて、夜の浜を一気に幻想的なムードに変えてしまうイベント。年に一回だけ、10月のある夜におこなわれるもので、パンフ写真を見ただけでも素晴らしい雰囲気。竹灯りの制作や準備段階、そして点灯などにはボランティアとして参加もできるそうですから、楽しい思い出づくりになるのでは。

そしてブルースターとは、南アメリカ原産の「オキシペタルム・カエルレウム」というガガイモ科の多年草のことで、水色の花びらが星のように見えることから、園芸的には「ブルースター」の名前で流通している品種。それを品種改良した結果、芸西村のオリジナルとしてピュアブルーが生まれました。従来のブルースターより丸い花弁が上を向き、水揚げが簡単で日持ちのよいのが特徴。ドイツで開催された世界最大級の国際園芸見本市である「IPM　Essen 2011」に出品したところ、切り花部門でみごと最優秀賞を勝ち取ったという。花言葉は「信じ合う心」で、花嫁が青いものを身につけると幸運が訪れるというサムシングブルーの伝説にちなみ、ブライダルブルーにふさわしいと注目され、日本一の出荷量を誇っている、とのこと。

これらの情報を得たパンフレットの最後のページには、現職村長さんの写真も載っていましたが、なんだかしわくちゃのズボンをはいた姿で写っていて、誰かズボンだけでも履き替えるようにアドバイスしてあげるスタッフはいな

かったのでしょうか。

　スタッフといえば、村のマスコットが意外と可愛らしくて、写真はないけれど紹介してみます。

HP情報

　芸西村の主要特産品の一つ、ブルースターのマスコットキャラクター「COCORO（ココロ）ちゃん」は、みんなに「信じ合うこころ」を届けるブルースターの妖精です。

COCOROちゃんプロフィール

ふりがな：ココロちゃん　　氏名：COCOROちゃん
誕生日：8月10日　　　　性別：不明
住所：芸西村のブルースターハウス
特徴：みんなに「信じ合うこころ」を届けるブルースターの妖精。
好きなものは、みんなの幸せな笑顔。
胸に抱えるハートに触れると幸せが訪れる・・・かも！？
　特別住民票の発行。特別住民票が発行されました。（平成25年7月25日）
　いつの頃からか、芸西村内のブルースターハウスに住みつくようになったCOCOROちゃん。7月25日、村役場の窓口に住民登録の手続きに来てくれ、特別住民票が発行されました。
COCOROちゃん特別住民票（PDF）（346.56KB）
　「信じ合うこころ」お届け課長に任命。「信じ合うこころ」お届け課長に任命されました。（平成25年7月26日）

第1章 四国ルート

　芸西村に住民登録してくれたことを期に、芸西村としてもぜひCOCORO（ココロ）ちゃんを「信じ合うこころ」お届け課長に任命したい意を申し入れたところ、快く引き受けていただけることになり、7月26日に特別辞令交付式を行い任命しました。

　今後COCORO（ココロ）ちゃんには、村内外問わず飛び回り、ブルースターだけではなく芸西村全体のPRを大いにしていただきたいと考えています。

37

高知県土佐郡大川村(おおかわむら)

北緯33度47分02秒　東経133度28分00秒
面積95km²　村人336人　財政力指数0.12

　海沿いから一転、山奥へと入っていきます。四国のほぼ中央部に属し、周囲を1000メートル級の山々に囲まれている割には、さほど危なっかしい道でもありません、というのは他村の危険度マックス道路と比較してのことで、充分に注意しながら走らないとダム湖にどんぶりなんてことにも。

　村を貫く早明浦ダム湖に主な集落が没してしまったというのに、固定資産税収入が入ってこないのは、ダム本体が別な町にあるからで、道理で水没したはずの旧村役場が時々恨みがましく姿を現すわけです。

　そんな早明浦湖のほとりに村役場があって、早速の突撃取材です。ここではあっという間に観光パンフレットを10枚も出してくれて、いかに観光や移住に力を入れているかを如実に物語っています。

第1章　四国ルート

　そういえば、ウィキペディアでも大川村は奈良の野迫川村と村民人口の少なさを争っているとの記述がありましたが、パンフには人口たった400人と書いてあって、おそらく移住者が確実に増えているのでしょう。

　パンフついでに余計なことをいいますが、ここに登場する村長さんは黒のスーツがビシッと決まり、黒革靴までがピカピカに光っていておしゃれです。そして表紙に載っている女の子が二人とも美少女で、あそこは伝説の美少女村かも知れません？

　恒例の質問では、1500人の定員が一日の予約で埋まるという謝肉祭、いくつもの滝がある中でも特にみごとな小金滝、そして村の駅で不定期に出されるまぼろしの大川ラーメンをあげてくれまして、本当に個人的評価はさまざまだなあと、この企画を思いついた自分を褒めてあげたくなりましたよ。

39

大川村 情報

大川村謝肉祭：開催日11月3日（文化の日）定員1500人のチケット予約受付は電話のみで、料金は席料、焼き肉満腹セット、日本酒（大人のみ）、イベント参加込みで大人6000円、高校生以下は4000円、幼児無料。

　大川村自慢の特産品である、大川黒牛と土佐はちきん地鶏をおなかいっぱいに楽しめる村最大のイベントです。標高750mの白滝の里で、美しい紅葉に囲まれて食べるお肉は格別で、地鶏産品の出店やアトラクションも展開し、毎年村の人口の3倍ちかい1500人ものお客様で賑わいます。

小金滝：険しく切り立った岸壁から落ちる水が美しい、落差100mを誇る四国最大級の滝です。雨上がりには虹が現れることも。

大川ラーメン：幻の味噌と土佐はちきん地鶏のスープがこだわりの麺にからみます。大川ラーメン（味噌）は結いの里で毎月不定期の土日祝日の「ラーメンの日」にご提供しています。味噌の他に、醤油、ゆず塩があります。

　月に一度の「幻のラーメン」高知県内どころか県外からも通うファンがいる大川ラーメン。「ラーメンの日」開催日は「でぃぐ！大川村」などのサイトをチェック！

　パンフレットを10枚もくれたから、他にも紹介したい見どころはいっぱいあるのですが、特に素晴らしく思えたのは村を見守るようにそびえ立つ山々です。

　この歳になると階段の上り下りだけで息が切れてしまい、とても山登りどころではありませんが、若い頃は好きでし

第1章　四国ルート

た。特に山頂に達して周囲を見下ろすときの達成感は、なんとも言えないものがあります。

　だから余計に、等高線の入った地図なんか見ると心がざわめくのでしょう。そして私の心を大いにざわつかせるのが、山歩きパンフレットでした。

　大川村側から行ける主な山は、野路峰、大坐礼山、三ツ森山、平家平で、かなり親切にルート解説もされています。

・・

【初級コース/のじみね/1279m/総歩行時間：約2時間20分】

　初心者でも安心して歩ける山。体力に自信のある人は、東の黒岩山まで行くこともできます。

　大川村役場西の小松川橋手前を右折、県道6号から白滝橋を渡り、林道朝谷線を約6キロメートル上がった先に山村広場があり、駐車スペース、トイレが整備されています。

　広場からは、幅2メートルほどの旧トロッコ道を5分ほど横に進むと、山手に野路峰登山口の道標があります。つづら折れの登山道を上ると40分ほどで水場にでますから、ここで休憩するとよいでしょう。ヒノキの植林を抜けると展望が開け、白滝の里が一望できます。

　右手上の稜線に反射板があり、それを過ぎると野路峰山頂に着きます。山頂には首無し地蔵が安置されています。

　山頂からは、北に赤星山、二ッ岳などの法皇山系、東隣には、黒岩山、その奥に登岐山、奥工石山、白髪山、南に早天山、国見山、笹ヶ峰、三辻山、陣ヶ森、西門山、稲叢山、西に東光森山、大坐礼山が見てとれます。

41

山頂のすぐ西に白滝の里を見下ろすことのできる場所があり、そこでお弁当を食べましょう。下山は往路を戻ります。

【初級コース/おおざれやま/1587m/総歩行時間：約3時間20分】

山歩きの入門としておすすめの山。樹齢600年以上ともいわれるブナの巨木の群生地やアケボノツツジ、紅葉、樹氷など、一年を通じて大自然を堪能できるコースです。

大川村役場西の小松川橋手前を右折、県道6号を大北川に沿って進み、太田尾越の手前から林道寒風大坐礼東線を300メートルほど行くと登山口があり、駐車できるスペースもあります。

登山口からすぐ先の谷を渡ると、急なつづら折りの道となります。上りきると道は左へ、約30分ほどで大北川の源流に達します。ここは水場として利用できます。ここからは道は緩やかとなり、ブナ、ミズナラ、モミなどの自然林を楽しみながら歩くことができます。登山口から1時間強で井野川越の三差路尾根に、コース右手の少し急な尾根道を10分ほど上ると、道は平坦になり、ブナの巨木の群生地が現れます。

雪の少ない南国のブナは樹高が高く、枝を四方八方に広げ、幹の太さ以上に貫禄があって、見る者に躍動感と生命力を感じさせます。大坐礼山には立派なブナが数多く立ち並び、スズタケの中に君臨しています。

ブナの群生地を過ぎると、かつて池であったというくぼ地（カラ池）が近くにありますので、体力に余裕のある方は訪れてみてください。斜面を上りきると、二等三角点の大坐礼山頂に着きます。下山は往路を戻ります。

第1章　四国ルート

【中級コース/へいけだいら/1692m/総歩行時間：約4時間20分】

　平家の落人伝説から名づけられたという山。山頂付近は一面の平らな景色。広大なササ原に囲まれて周囲の山々が一望できます。

　登山口からは幅約3メートルの広い林道が三ッ森峠まであり、緩やかな上りが続きます。石仏のある三ッ森峠で道は6つに分かれ、平家平へは左手の尾根道を行きます。この尾根道は、石鎚山への縦走路であり、ブナ、ツツジ類の落葉中低木が多く、秋の紅葉はきれいです。

　中間地点の鉄塔は見晴らしがよく、ここで休憩するとよいでしょう。左手から小麦畝登山口からの登山道が、すぐ先でも中七番からの登山道が右手から合流します。平家平までに途中ピークが3つあり、実際の見た目よりも距離があります。

　この辺りから高知県側はササ原、愛媛県側は中低木であるため、冬には北面は霧氷（谷筋の湿った水蒸気が気流の冷却によって凝結して霧となり、木々の枝などに付着してできるもの）の白、南面はササ原の緑と、天気のよい日には自然の作り出した美しいコントラストを見ることができます。

　下山は南の尾根道を下りますが、この下りは高度感を感じます。足下に雲海や霧が発生した時など、さながらその中に消えていくように思えるでしょう。ササ原を下り切ると、ミズナラ、リョウブ、ブナなどの樹林帯、明るい日射しが入り込む、気持ちよい道です。

　1428メートルのピーク手前を右に下り、左へ橋を2つ渡り、シロモジ林の真っすぐな道を下ると高薮登山口に着きます。こ

43

のコースは登山口と下山口が離れているので、下山口に車の手
配が必要となります。

・・

　これらの他にも、上級者向けとして縦走コースもありま
すが、割愛しました。本格的な登山をしない人なら、歩き
で、レンタサイクルで、あるいはドライブでと幾通りにも
楽しめる大川村、ゆっくりめぐってみれば、縁側お接待に
ありつけるかも知れません。

第1章　四国ルート

高知県高岡郡日高村(ひだかむら)

北緯33度32分06秒　東経133度22分24秒
面積44k㎡　村人4576人　財政力指数0.28

　山深い美少女の里、大川村からひたすら南下して、ようやく日高村役場に到着した時には6時を過ぎていました。裏口から恐る恐る入ってみると、無理やりに残業を命じられたのかどうか、不機嫌そうな顔つきをした人が数人いまして、恐縮しながら観光パンフレットをいただきたいと伝えました。ニコリともせずに館内に行った職員は、それでもいっぱい集めてくれましたが、あの人が愛想よくする時はあるのでしょうか。

　受け取ったパンフレットの中でもずば抜けて大判なのが、クッキングパパ作者のイラストがアップで迫る「オムライス街道新聞」で、それによると日高村はトマトが特産品で、なんとトマトの神様までいるのです。

トマトの神様のおはなし

トマトの村には　神様がいるそうな
真っ赤なかわいい　トマトの神様がいるそうな
村のみんなをいつも　やさしく見守っている
あるとき　村のみんなは考えたそうな
トマトの神様におもてなしをしよう
この村自慢のあま～いトマトをつかって　思い思いにいろ
んなオムライスを作ったそうな
そのオムライスの　おいしいこと　おいしいこと！
神様はたいそう喜んで　オムライスに魔法をかけたそうな
それはね　食べた人を　幸せにする魔法
もしオムライスを食べて　幸せになったら　それはトマト
の神様のしわざなんだとか
行ってごらん　きっとあなたも　幸せな魔法にかかるはず
「今日はどの神様に　会いに行こうかな」

　神様が魔法をかけてくれたくらいだから、これを活用しない手はないとばかりに、JR四国の土讃線にほぼ沿って伸びる国道33号線を勝手にオムライス街道と名づけ、その道沿いにある店でそれぞれに特色あるオムライスを出しているのです。

日高村 情報

レストラン高知：「南国土佐のオムライス」でオムライススタジアム全国大会に挑んだ時、段取りがよすぎてスムーズに提供が進んだ事で、他店のような行列ができず、不人気のような印象に‥‥。ところがその結果は、味、コンセプト、見た目、全て高評価を得て「準グランプリ」に！おまけに「ふるさと賞」も同時受賞！今では店の大人気メニューになったとさ。

ムラカフェひだか：ご家族で楽しんでいただける爲に、かけるソースは、自慢のデミグラスソースorケチャップの選べる2種類。お好みの味で召しあがれ。

とまとすたんど：トマトをたくさん使うよう心掛け、トマトの美味しさと、わのわ会特製のソースの味が伝わるといいなという想いでメニューを開発。「とまとみそオムライス」は、「高知家のうまいもの大賞2020」で新商品賞を受賞した「とまとみそ甘辛」使用の絶品オムなり。

グリーンフィールドゴルフ倶楽部：昔ながらのオムライスを提供したくて、どこにこだわりを持って作るかを考えたシェフ。包み込む卵をふんわり柔らく仕上げよう！という結論に至り、腕によりをかけて卵3個を使ったふんわりオムライスが完成したのじゃ。

喫茶わのわ：個性的な新メニューは店長が考案。何をメインに使いたいかを考えて味付けを決めているそうな。過去には村特産のお茶を使った「おむ茶ライス」や、ゆるキャラふなっしーが命名した「イタリアの風感じるオムライス（ちちゅっしー）」を発表。ネーミングにこだわりが。

錦山カントリークラブ：若い方も年配の方も食べられるオムライスを3種類作り、長く愛され喜んでもらえるように試行錯誤しながら改良を加えておるそうな。

龍鳳：オムライスはもともとお店を始めた47年前、ご主人が作っていた当時はお子様用のメニューだったそうな。ご主人亡き後も、お母さんがお店を受け継ぎ、時代に合った材料を使って、少しずつ進化しておる。

大阪なにわ道頓堀たこやき：「オムリタン」は、ショウガがアクセントの新感覚ナポリタン。あつかんドラゴンさんと何回も試食して出来たのじゃ。日高村は昔からショウガの産地でもある。トマトは勿論、村のおいしい産物を集めたふるさと想いの1品！

カフェレストマンマ亭：永ちゃんの口ぐせや曲名を元にメニュー名が浮かんでから、どんなオムライスにするか考えているそうな。だから個性的な名前のメニューがいっぱいで楽しい♪

　オムライス街道は村の中央を東西に貫いていますが、村の北境を縫うように流れているのが「仁淀ブルー」と呼ばれるほどきれいな仁淀川で、いくつかの楽しむ方法が用意されています。

仁淀川の自然に身をゆだねる50分の船旅：清流仁淀川唯一の屋形船。日高村本村の発着所と越屋沈下橋付近を約50分かけて往復します。1日6便運行。天候による運休もあるのでご乗船の際は前日までにお電話ください。予約でガイド付きも可能です。

仁淀川SUP：立ち乗りボードに乗って川下りを楽しめる最近人気のアクティビティです。未経験でも基礎から教えてくれるので安心。お子様からご年配の方まで楽しめるプランもあります。ライフジャケットなど必要なものはレンタルできるので手ぶら

でどうぞ。

ネクストクルーザー：2022年からサービス開始！ 環境に配慮したEVミニカーで、清流を眺めながらオフロードを駆け巡れます。SUPとクルーザー 1時間乗り放題がセットになったお得なプランも。お子様と同乗も可能なのでファミリーで楽しめます。※要普通自動車免許

. . . .

　夕闇迫る中での訪問だったので、これらの記述はみなパンフを参考にしたものです。自分自身で見聞した生の情報を発信したい私としては、忸怩たる思いで村はずれのスタンドでガソリンを入れている時、耳寄りな話を聞きました。なんと村独自で発行しているポイントでガソリンが入れられるというのです。

　これはただ事ではないぞというのは、村内だけで通用するポイントを発行するには、それだけの確固たる地盤が整備されていなければならないからで、よくよく聞いてみると、日高村はまるごとデジタルの看板を掲げて、超先進的な取り組みをしているのです。

　まず「日本で初めてスマホ普及100パーセントを目指すことを宣言した自治体」とのろしを上げ、スマホを生活のインフラにするというぶれない方針で突進、23年10月時点でのスマホ普及率はおどろきの86％（分母から9歳以下の子ども等のスマホ利用が実質的に困難な方を除いた「実質普及率」としては約93％）。

そんな高いレベルで行き渡っているスマホの一番の活用法として重宝されているのが、日高村が発行するデジタル通貨「とまぽ」で、村内での買い物や飲食の際に、1ポイント1円として決済できるのです。

村内のはとんどの商店や施設がこぞって参加しているのですから、自然とポイントがたまるのも当然で、だからこそポイントでガソリンを入れる人なども出てくるのでしょう。今のところ日高村住民限定のサービスですが、将来的にはさらなる拡充を目指していて、参考にする自治体も増えているそうですから、スマホ嫌いの私としても注目していきたいと考えています。

コラム

第1章　四国ルート

◆ 道の駅で車中泊

　日高村に入ったのが夕刻ですから、用事を終わらせて村を出る頃には、日もとっぷりと暮れて心細いこと限りなし。今から海辺の道の駅まで行くのは大変だなあと考えていると、うまい具合に隣町に新設らしき「まきのさんの道の駅　佐川」がありました。

　ほとんど車の止まっていない駐車場に静かな場所を確保すれば、あとは夕食を用意するだけです。

　ご承知のように、貧乏小説家の節約取材旅行ですから、栄養失調にならない程度の自炊は心掛けていて、とりあえず持参の無洗米をナベに入れて電熱器にかけました。これは車のシガーソケットからインバーターを間に入れて、直流を交流に変換、家庭用の電熱器を使えるようにするもので、ひげそり機を充電するなどで既に活用していた便利グッズです。

　ところがエンジンを吹かし加減にしてあおること10分以上、いつまで待ってもナベがグツグツしてこないので、車内での炊飯は諦めました。どうやらひげそり機の充電とは桁違いに電圧が高い電熱器には、パワーが不足しているみたいです。

　せっかく仕込んだ炊飯ナベですから、なんとかしたいと考えること数分、頭にひらめいたことがあります。それはお店の外付けコンセントを活用することで、さっそく真っ暗な中を懐中電灯を使ってのコンセント探し、めでたくそれを使ってご飯を炊き上げることができたのです。

　なんて風に、いかにもお手柄みたいに書きましたが、これは

立派な犯罪行為でして、以前にも携帯をこっそりと充電していた学生が盗電の罪で実刑判決を受けたこともあるのです。だからご飯が炊き上がるまで気が気でなく、蒸らしもそこそこにソケットを抜いてきたものだから、その夜のご飯はかなり芯があって固かったのでした。それでも持参のふりかけをたっぷりかけていただけば、素敵な晩餐です。

　最初の盗電行為は、それこそヒヤヒヤものだったのですが、何度か繰り返すうちに慣れてしまい、そのうちには朝のうどんまで仕込むようになって、ああ人間はこうやって犯罪に対しての罪悪感を鈍磨させていく存在なのかと考えさせられました。

これなどはみなさんには絶対にお勧めできませんが、いわゆる道の駅での車中泊に必要な物品などを書き出すならば罪に問われないでしょう。

　全国各地には、それぞれに特色ある道の駅があって、昼間も賑わっているのですが、閉店したあとで入ってくるのはほとんどが車中泊目的だと思われます。そしてその車がまた多様で、車両価格が1000万以上もしそうな高級キャンピングカーから、私みたいな軽自動車まで実にさまざまです。

　ちなみに私の所有していたシボレーMWは、車検と保険とが同時期に来て費用負担に耐えきれず、泣く泣く処分してしまったので、今回は娘の軽を借りてきているのです。それでも後部座席を倒してフルフラットにし、三つ折りマットレスを敷けば立派なベッド、足を伸ばして悠々と熟睡できるだけのスペースは確保できるからたいしたものです。

　最初からベッドが作り付けになっていて、シャワーや冷蔵

第1章　四国ルート

庫、電子レンジまで使えるような豪華なキャンピングカーもありますが、ベッドがデッドスペースになっているのはいかにももったいないですね。それ以前に、普段の快適で不自由のない生活をそっくりそのまま持ち運ぶような車中泊の、どこがおもしろいのでしょうか。工夫もいらない、工面も必要ない移動なら苦労もないわけで、そんな快適な自動車旅をするなんて、なんてうらやましいんでしょうか。

　それはそうとして、車によってはフルフラットにならずに、背もたれを倒した上に寝なければならないケースも出てきますが、それでも厚めのマットがあれば快適に寝られますというのも、でこぼこをマットが吸収してしまうから。家にある敷き布団や掛け布団を積み込んでもよいのですが、かなりかさばるのが問題ですし、第一いつもの布団にくるまっても旅心が湧いてこないでしょう。
　マットは一枚物もありますが、運転中に後ろから頭をこづかれたくなければ、折りたたみ式にしましょう。一枚数万円なんて高価なものは必要なく、量販店などで2000円台から見つかりますが、なるべく厚みだけは確保しておいた方がよいと思います。

　次に必要なのは目隠し用シェードで、これには純正と汎用品があり、段ボールなんかで手作りしてしまう豪傑なんかもいます。純正品は全てのウインドウをきっちりと覆えるので、完全なるプライバシーを保てるのですが、それほどまでに完璧な目隠しを必要としないのであれば汎用品を使いましょう。

53

ウインドウの形や数などにも関係してきますが、その全部を完全に塞ぐのでなければ、それほど費用もかかりません。そもそも車中泊の中を覗かれて具合の悪い人などいない（いるかも知れないけど）わけで、そのレベルのことに頭を使っていたら、ドライブは楽しくありません。

　普通タイプのシェードは折りたたみ式で、ゴムの吸盤でガラスに吸着させるのですが、何年も使っているとそれが実によく剥がれ落ちるのです。ほこりがついたりキズがあったりしても同様で、そんなときは水をちょっぴりつけてやるといいかも知れません。

　自作タイプはそれこそ千差万別、個人的センスの見せ所ですからご自由に。中にはまったくの無防備状態で快眠している人もいますが、それもちょっと‥‥。

　同じように窓に取り付けるものに、防虫用のネットがあります。これは夏の車中泊が暑いから、窓を開けたままで寝るためのもので、それらもまたいろんなタイプがネット販売されたりしていますが、これは考え物ですね。うまく虫除けになっても、例えば雨がふってきたら車内は蒸し風呂状態になるわけで、真夏時期の車中泊は敬遠しておいた方が無難でしょう。

　車中泊の必需品として忘れてはならないのが照明で、これもランタンから懐中電灯まで幅広く、選ぶのに迷ってしまうほどですが、今回はパナソニックのBF－BM10を利用しました。これは家電量販店で偶然見つけたもので、ランタンとして使いながら懐中電灯の役目も同時に果たしているという優れものです。

　太い電池ケースに被さっている半透明樹脂のサイド部分がラ

第1章　四国ルート

ンタンに、真ん中が電灯になっていて、どこにでも置いておけ
ば車内がほの明るく、必要に応じてどこかに向ければそこを明
るく照射するという設計です。しかもこの製品の優秀なのは、
単1から単4までのすべての乾電池に対応している点で、だか
ら電池ケースが極太にもなっているのです。

　目隠しした車内にマットを敷き、ランタンを灯せば、そこは
もうプライベート空間、妄想にふけるなり熟睡するなりは勝手
次第です。これらの基本さえおさえれば、あとはもう個人的こ
だわりの領域に入るわけで、ドライブの目的なり季節なりでチョ
イスするのですが、最後にひとつだけ私がずいぶんと助かった
ものとして下着をあげてみます。

　パンツとアンダーシャツのありったけを大きな袋に入れて持
参したのですが、入浴できる施設にコインランドリーが無かっ
たり、山登り（山スベリ）で大汗をかいて予定になかった着替
えをしたりで、かなり助かりました。ドライブ途中で偶然目に
したコインランドリーなんかも利用しましたが、それでも数少
ない下着を着回しする苦労がなかっただけ楽でした。

　苦労といえば、車中泊で大変なのは入浴施設を探すことです。
道の駅に併設されていれば苦労はないのですが、手元のハイパー
ガイドブックによれば、北海道124駅中20、東北163駅中20、
関東122駅中15、甲信越と北陸の合計166駅中29、中部近畿の
計247駅中9、四国中国の計191駅中23、そして九州沖縄141
駅中では15となっています。

　車旅が長くなってくると、入浴施設の併設された場所を狙っ
て行くのですが、これがまた閉鎖されていたり道の駅そのもの

55

がなくなっていたりで、かなり苦労するのは本文にもあるとおりです。今回の四国九州をめぐる旅でも、2カ所の入浴施設がなくなっていました。もっとも参考にしたガイドブックが2020年版ですから、情報が古いことは確かで、最新版を買えばいいじゃないかと言われれば、確かにその通りです。

　こんな風に楽しくて安上がりな道の駅車中泊、快適な季節にみんなで繰り出しましょう。でも、盗電はしないでね。あと、新婚旅行はやめておいてね。

第1章　四国ルート

高知県幡多郡三原村(みはらむら)
北緯32度54分22秒　東経132度50分50秒
面積85km²　村人1341人　財政力指数0.12

　四国で最南端、かつ最西端に位置する三原村までやってきました。村役場はそれなりですが、ちょっと洒落ているのが三原村章で、〇に山三つのデザインが垢抜けているのです。前に村役場印での朱印めぐりを提案しましたが、役場名なしの村章だけのゴム印でもおもしろいかも知れません。A1サイズの白紙にびっしりと印された村章が183も並んでいる情景を想像すると、震えがくるほど楽しくなります。

　ここの職員さんは、1に星ヶ丘公園、2に移住者、そして3に甲乙付けがたいがとお米とどぶろくをダブル推薦してくれました。そこでこの三つについて、詳しく見ていきましょう。

57

三原村 情報

星ヶ丘公園・ヒメノボタンの里：ヒメノボタンはノボタン科の多年草で、高知県の絶滅危惧種。公園で管理する地元の方々が毎年、種を採取して育てています。ヒメノボタンは夏の終わりから秋にかけてが見頃です。その他にも、春にはエビネラン、夏はスイレンやオオオニバス、秋はオミナエシやリンドウ、冬はバイカオウレンなど一年中花が楽しめます。

　また見つけた人に「幸せを呼ぶ」と言われている希少種ナミルリモンハナバチ（通称ブルービー）が7月〜8月頃に姿を見せてくれます。

　実は三原村は「移住」の支援が充実しているんです！

移住促進住宅：三原村に移住を考えている方がお試しで宿泊できる施設です。長期と短期に分かれています。

長期利用料金＝15000円（月額、消費税・ガス・水道・電気代別）共益費3000円、Wi－Fi無料

短期（5日以上）利用料金＝1000円（日額、消費税・食費別）Wi－Fi無料

賃貸村営住宅：村内2地区に公営住宅があります。入居には所得の要件がある物件もあります。詳しくはお問い合わせ下さい。

教育・子育てに関する取り組み

ゆりかご祝い金＝お子様が生誕した時に、お祝い金を贈ります。第1子10万円、第2子20万円、第3子以降40万円。

保育料無償化＝入所可能年齢は満1歳を迎えた翌月から、保育料は無料です。また、平日18時30分まで延長保育が可能。

子宝助成金＝18歳未満のお子様を3人以上養育するご夫婦に助

第1章　四国ルート

成金を贈ります。

給食費無料＝保育所と小中学校の給食費が無料になります。

医療費無料＝村内に在住している0〜18歳の方の医療費が無料になります。

放課後こども教室＝放課後の子どもたちが安心安全に活動できる場を提供し、宿題や物作りを行います。

中学校みらい教室＝受講申込の中学生に対して学習指導を行う公設塾で、宿題やテスト対策を行います。

中学生海外派遣事業＝中学校3年生全員をオーストラリアに派遣し、国際感覚豊かな育成を目指します。

農家民宿：全農家民宿共通一泊¥7000円／名（税込み）1泊2食付き、3歳まで無料、4歳から小学生は¥4400円／名、完全予約制。

今ちゃん：ウチの自慢は季節の料理

　季節の野菜、山菜と主人の自慢のお米と山川海の恵み。夜は薪風呂（冬限定）で心身共にリフレッシュしていただけます。

風車：ウチの自慢はどぶろく饅頭

　四季折々の山菜の天ぷらや自家栽培の旬の野菜料理。

　夏は川エビやウナギなどの幸、冬はいろりを囲んで山の幸をふんだんに使った鍋料理をお楽しみ下さい！

NOKO：ウチの自慢はきのこ・豆腐料理

　三原村の旬の野菜を中心とした田舎料理を楽しめます。お米は自家製、息子さんが作る国産大豆を使った豆腐や、採れたての地元産きのこ類は絶品。

森本まる：ウチの自慢は発酵調味料

土鍋で炊いた主人こだわりのお米、山川の幸、畑好きな女将の収穫した採れたての野菜や絶品漬物で心ゆくまで、まるの田舎料理をご堪能ください。（著者注＝店名のまるは大きな丸で囲ったデザインだが、パソコンでは出力できなかった）

くろうさぎ：ウチの自慢は三原村ならではの田舎料理

　自家製の米と採れたての野菜。いつも旬の味でおもてなし。山の幸に川の幸、運が良ければ磯釣りが趣味の主人が釣った海の幸もお楽しみいただけます。三原名物で満腹になってください！

三原米：高知県三原村は標高120mの高原地帯で、豊かな水資源に恵まれた山村です。農民たちは先祖伝来の土地を守り続けながら、私たちの命の源となるお米を作っています。そんな美味しい三原米の中から、その豊かな水脈に守られた農地で「特別栽培」の定義に基づいたブランド米「水源のしずく」（品種：こしひかり）ができあがりました。

ブランド米「水源のしずく」：「三原村」の語源は水の豊かな高原＝『水原』ともいわれており、年中枯渇することがないほどの豊かな水資源に恵まれた山村で、高知県内でも有数の良米の産地です。その豊かな水脈に育まれた農地で「特別栽培」の定義に基づいたブランド米「水源のしずく」ができ上がりました。食味値80点以上の特別栽培米「水源のしずく」は、もっちりとした粘りと程よい甘みが特徴です。

11月のどぶろく農林文化祭：村の人口を大きく上回る来場者数で賑わう村をあげての一大イベント。村が誇る特産品「どぶろく」の販売のみではなく、振る舞い酒や早飲み競争等で、どぶろくが堪能できます。また、数多くの出店者で賑わうグルメコーナーや、お笑いライブショー、餅投げ等の盛りだくさんの内容

で行われ、一日中楽しむことができます。

　昔からおいしい米どころとして有名な三原村では、どこの家でも自分の田の米を使って当たり前のようにどぶろくを造っていました。明治32年に醸造を禁じられて、その味はまぼろしとなりましたが、平成17年に酒税法特例の認定を受けて、昔ながらの濁酒を再び造る事ができるように。現在は6軒の農家で「土佐三原どぶろく合同会社」を設立し、村を代表する特産品として製造販売しています。

・・

　以上が三原村じまんの追随記事ですが、そういえばここには「じまんや」というお買い物処もあって、村のお母さんたちによる手作り料理が味わえる「やまびこカフェ」と共に、村民はもちろんお遍路さんや観光客の集まる憩いの場となっているそうです。

　私個人として興味深いのは、他村ではほとんど実施していない**マイ硯石作り**です。これは文字通り、自分で使う硯を自分で作るという加工体験（要予約）で、書をたしなむ人ならずとも、お勧めです。

開催時期＝通年
時間－120分（基本）～
料金＝ひとり10000円（基本）～
受入可能人数＝要相談
集合場所＝土佐硯石加工製作所
申し込み締切＝体験日の7日前までにお申し込みを

三原村土佐すずりの石質は約6千万年前の中世代白亜紀須崎層の黒色粘板岩で、中国端渓石にも劣らないと言われている、のだそうで、マイすずりで摺った墨で書けば、どんな作品でもうまく見えるでしょう。

　村そのものもあまり大きくはなくて、割と平坦ですから、レンタサイクルで古木めぐりツアーや川遊び体験をするのもいいかも知れません。それこそ自分だけの発見もあるでしょうし、うまくすれば縁側でどぶろくのお接待にあずかれるかも‥‥。

第2章

九州ルート

九州取材ルート図

ジグザグ線は車走行路、点線はフェリー航路を示す

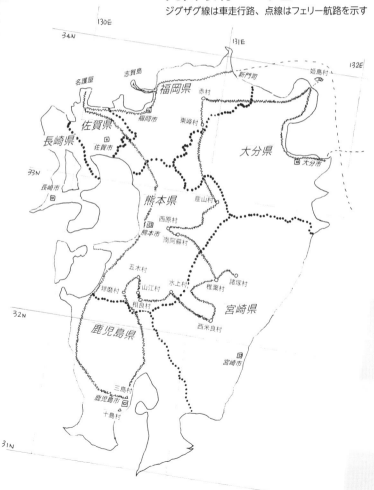

大分県東国東郡姫島村(ひめしまむら)
北緯33度43分28秒　東経131度38分43秒
面積6.99km²　村人1524人　財政力指数0.10

　ナビが古いので、表示しない四国内の高速道路がやたらにあるのです。ある入り口をタイミングを失して乗り損ね、次から入ったら、ラッキーなことにそこから無料区間でした。入浴施設の併設された「津島やすらぎの里」まで走ると、そこには小さな農産物直売所と仮設トイレがあるばかり。聞いてみると2年前に壊して、今は新たな施設を計画中だとのこと。

　まだ日は高いけれど、ここでゆっくりと風呂に入り、たまった洗濯物も片付ける予定だったからすっかり目算が狂ってしまいました。それなら九州へ渡ってしまえとばかりに佐多岬の突端まで突っ走り、本当は前日までに予約しなければいけないところを頼み込んで、ようやく九四フェリーにすべり込みセーフ。

第2章　九州ルート

　四国から比べると桁違いに広くて、歩道もたっぷりとって
てあるトンネルをいくつも抜けて行くのですが、そういえ
ば四国のトンネルは、どうしてあんなに狭くて暗いので
しょうか。しかも特殊な事情としてお遍路さんがいっぱい
なのに、本当に危なっかしいと思いますね。

　そんなことも考えながら走っていると、突然に硫黄の香
りが車内に充満しました。看板を見ると、ちょうど別府を
通り過ぎているタイミングで、どおりで町並みのあちこち
から湯気が上がっているわけです。時間とふところに余裕
があれば、温泉宿に一泊したいところですが、そんな誘惑
を振り切るようにして国東半島まで辿り着きました。

　道の駅くにさきで車中泊、翌朝の早い便で姫島に渡りま
す。ここは取材の準備段階から、その愛くるしい名前に魅
力を感じていた場所だから、フェリーまでもが可愛らしく
思えます。

　今回は波止場に車を駐車して、自転車だけをつれての船
だから、二輪車運賃を含んでも往復1420円と格安、姫島村
営フェリーから眺めると、沖合に小さな島がいっぱいあっ
てどれが姫島やらわかりません。

　姫島港に入って日曜の役場で**パンフレット**をもらって納
得したのは、この島は7つの火山で形成され、それぞれが
砂州でつながっているので、遠くから見ると4つに見える
のだということでした。

　こんな小さな島に7つもの火山があるのは、おどろくべ
きことなので、火山や岩石鉱物好きな人のために詳しく引
用してみます。

65

姫島村 情報

　姫島には、約30万年以降に活動した7つの火山がありますが、それぞれに異なる形状をもち、粘り気の強いマグマが固まってできた溶岩ドームや、浅所に上昇してきたマグマが水と反応して爆発して作られた地形など、様々な火山地形がみられます。島内各所にみられる火口跡の丸く窪んだ凹みは、現在は畑や水田、車えびの養殖池などに活用されています。

達磨山火山：約12万年前に活動した火山です。ス鼻では、ゴツゴツした岩肌の達磨山溶岩がみられ、ヨロイ岩と呼ばれています。達磨山溶岩には角閃石や硬石膏などの鉱物が含まれています。

城山火山：島の北西部に位置する城山火山は、気泡を多く含む乳白色の溶岩が特徴です。観音崎では城山溶岩の一部である黒曜石の断崖が美しい景観を作っています。城山溶岩は、最近までパーライトの原料として採石されていました。

浮洲火山：直径700メートルほどの円弧状の浅瀬からなる姫島最大の火口跡をもつ火山で、火山体の大部分は海面下にあります。姫島七不思議のひとつ「浮洲」として知られる岩礁は浮洲溶岩からなり、干潮時には陸とつながります。

矢筈岳火山：姫島最高峰266メートルの矢筈岳は、約9万年前に活動した火山で、山腹〜山頂にかけて矢筈岳溶岩が分布しています。矢筈岳溶岩は、角閃石を含むデイサイトです。姫島の中央に位置する島のシンボル矢筈岳は、複数の溶岩ドームが重なり、富士山に似た美しい形から、姫島富士と呼ばれています。

金火山：はっきりした縞模様が特徴の金溶岩は、角閃石を含むデイサイトで、溶岩ドームまたは貫入岩が5つ分布しています。

東浦漁港（金）の海岸沿いには、金火山の活動に関連した火砕岩が分布しています。

稲積火山：稲積火山は、拍子水の付近から見ると、中央部の火口跡が窪んだ台形をしています。稲積溶岩からなる断崖の上には姫島灯台が建てられています。

大海火山：大海火山は、矢筈岳東麓から二股池にかけて噴出物が分布しているのみで、火山体や火山地形が残存していないため、姫島火山群では最も初期に活動した火山であると考えられています。

火口跡：城山火山の観音崎火口跡は、黒曜石の断崖、斗尺岩や赤馬と呼ばれる岩に囲まれた美しい景観を作っています。達磨山火口跡では、丸く窪んだ凹地形を活かして姫島車えびの養殖が行われています。また、稲積火口跡や金火口跡の平坦な地形は、畑地や一部が水田として利用されています。

国指定天然記念物「姫島の黒曜石産地」観音崎：島内随一の景勝地である観音崎は、乳灰色〜乳白色の黒曜石の断崖が続いています。観音崎の黒曜石は、火山活動の過程を記録した岩石で、地質学的にも重要であるとともに、主に縄文時代には石器に加工され、瀬戸内海を中心に広い範囲で流通しており、考古学的にも大変重要であることから、平成19年に「姫島の黒曜石産地」として観音崎一帯が国の天然記念物に指定されました。

県指定天然記念物　藍鉄鉱：ス鼻沖の海底から、鉄のリン酸塩鉱物である藍鉄鉱が発見され、「姫島の藍鉄鉱」として昭和34年に県の天然記念物に指定されています。球形のものや動物の骨の形など、様々な形状のものが見つかっています。

大海のコンボリュートラミナ：屋根瓦のような模様が連なった

「コンボリュートラミナ」は、地震等の揺れが加わったことにより地層が流動化し、層が乱されて形成される構造です。この露頭は昭和34年に「姫島の地層褶曲」として県の天然記念物に指定されています。

大海の褶曲構造：コンボリュートラミナの東方約100メートルの地点では、大きく地層が曲げられた褶曲構造を見ることができます。もとは水平であった地層が、火山の活動で大きな力を受けて変形したものです。

丸石鼻層の露頭：丸石鼻海岸でみられる約200万年前の地層は、大きく傾斜しており、褶曲や断層など、多様な地質構造を観察することができます。

観音崎の海食崖と海食洞：観音崎の北側には、高さ40m、幅120mにおよぶ黒曜石からなる海食崖と複数の海食洞があります。

鷹の巣：ひめしまブルーライン沿いの矢筈岳東側にみられる海食崖で、崖の表面が風化してできた「くぼみ」を利用して、ハヤブサが営巣することから、鷹の巣（たかのす）と呼ばれています。

姫島灯台下の海食洞と柱岳：稲積火山の一部である柱ヶ岳溶岩からなる断崖が露出し、海食洞が複数みられます。西側の海食洞が一番大きく、満潮時には小舟で洞内に入ることができます。洞内には、姫島七不思議のひとつ阿弥陀牡蠣があります。崖の東端にみられる離れ岩の「柱岳」は、もともとつながっていたものと考えられます。

トンボロ地形：姫島は、4つの小島が砂州でつながって1つの島になったもので、島の各所にトンボロと呼ばれる砂州地形の名残がみられます。国東半島側から姫島を見ると、4つの小島のつながった地形がわかります。

第2章　九州ルート

　以上は火山・岩石オタクのためにパンフレットから抜粋
したものですから、部外者なら理解できなくて当然です。
オタクといえば蝶オタクもいるみたいで、そんな人が随喜
の涙をこぼすだろう聖地がありました。港の反対側、浮洲
火口跡近くのみつけ海岸がそれで、そここそが**アサギマダ
ラの休息地**なのです。役場裏のテレビ局員が、朝行ってみ
たらいっぱい飛んでいた、と教えてくれたので、私も老骨
にむち打って駆けつけました。といっても、この島はあま
りアップダウンがないので楽なものです。

　うるさいほどのウグイスの声と、びっくりするほど近く
まで寄ってきて反転するツバメ、小さな砂地の畑を手入れ
する地元の人たち、そして奇抜なスタイルのレンタカーが
試験運転をする中、海辺に出てみると、思いがけないほど
数多くの蝶が乱舞しています。

　静かにたたずんでいると、私の周囲を飛び交って、それ
はもううるさいほど。あんなにいっぱいの蝶々に囲まれた
のは、イグアスのジャングル以来でした。

　アサギマダラは渡りをする優雅な蝶で、姫島に自生する
スナビキソウの蜜を求めて南の地から飛来するのですが、
その時期が5月上旬から6月上旬まで、つまり今なのだそう
です。

　姫島で休息したら、涼しい北の地に向かって飛び立って
しまい、世代交代した蝶がふたたび姫島を訪れるのは10月
中旬頃だというのですから、これがシャッターチャンスで
なくてなんでしょう。

69

今回の取材では、広角から標準のズームレンズつきイオスキッスと、300ミリの望遠レンズを持ってきているのです。いつもは持ち歩かないのに、今回に限って持参しているので、早速望遠レンズを装着して撮影を開始しましたが、こんなにたくさん飛び回っているのに決定的なショットを撮るのがむずかしいのです。

　道理で先に来ていた人が、レンズの前を通っただけでシャッターが切れる機種を準備しているはずです。それでも何カットかのいい写真が撮れたので、本文にカットみたいに載せるつもりでいます。

　同じ船で渡ってきた若者が、かなり遅れて現地入りしたのですが、彼はカメラの前から長い棒を1メートルほども突き出すのです。私は接写レンズだと思ったのですが、自動シャッター機の持ち主が、360度撮影の超広角レンズだと教えてくれました。そんな高性能カメラを設置し終わった頃には風が出てきて、うるさいほどいっぱい飛び交っていた蝶々の群れはどこかに行ってしまったのですから、ついていない人っているんですね。

　こんな小さな島なのに、町中の入り組んだ道を走っている内に迷子になるなんて、なんて方向感覚のない私なのでしょうか。村人に尋ねて、ようやく港まで辿り着きましたが、時間が許せば2泊くらいしてみたい、素敵な姫島村訪問でした。

第2章　九州ルート

福岡県田川郡赤村(あかむら)

北緯33度37分00秒　東経130度52分15秒
面積31km²　村人2544人　財政力指数0.16

　全国の自治体で市町村名に色を単独で用いて表記するところは、唯一赤村のみと言われます。この珍しい赤村、ここではその名に秘められたストーリーをご紹介します。その昔、赤村には「吾勝山(あがつのやま)」と呼ばれた霊峰がありました。それは今、「岩石山(がんじゃくさん)」と呼ばれ、隣の添田町との境界にあります。吾勝山の東側にあたる南北に細長い平野部を「吾勝野(あがつの)」と呼んだと言い伝わりますが、時の天皇が「この南北にのびる平野は長すぎる。北と南に別けて呼ぶように」と言われ、それから「あが」と「つの」と別けて呼ばれるようになったということです。

　「あが」という地名は、わが国最古の歴史書「日本書紀」に登場します。同書安閑天皇二（535）年、福岡県各地に屯倉（みやけ、ヤマト王権の直轄地）を設けたとあります。

71

この中に「我鹿（あが）屯倉」という記述があり、その推定地が赤村ではないかとされています。古く皇室に由来する伝承がいくつかあるのも赤村の魅力です。

・・

岩石山（がんじゃくさん）：岩石山の頂上付近の国見岩は、獅子に似ていて、別名、獅子岩とも言われ、展望もすばらしく、タムシバやミツバツツジが登山者を励ましてくれます。山の高さは海抜456.5メートルです。

神功皇后御腰掛石（じんぐうこうごうおんこしかけいし）：神功皇后が中津郡へ行く途中、休まれたと伝えられている石が、山浦大祖神社の境内に残っています。

琴弾の滝（ことひきのたき）：その昔天智天皇がこの滝のほとりで休まれた際、天女が舞い降りて琴を弾き、天皇をなぐさめたのが名前の由来と言われています。滝の高さは約10メートルあり、滝の入り口の左手に、この滝の由来を記した大きな石碑があります。

・・

　人口3,200人ほどの赤村では、大小各イベントや祭りがあります。その主なものをまとめたのが「あか村イベントチャート」です。新春イベントの「Happy 新湯（にゅう）Year 源じいの森」に始まり、桜の咲くシーズンには「桜まつり」、田植えのシーズンに先立ち豊作を祈る意味でも大切な神事となる「大内田神楽」や「我鹿八幡神社神幸祭」「光明八幡神幸祭」が行なわれ夏の到来となります。お盆を過ぎた頃には「ザ・夏まつり」で夏休みの思い出づくりのイベント、秋には「秋葉神社神幸祭」「源じいの森　カントリートレインフェス」、そして11月の「赤村文化祭」では村の総力あげてのイベント、師走の12月には「有機農業

まつり」がおこなわれます。一年通じて人々が集まるイベントは、赤村の元気な村づくりに欠かせないもので、他地域からの人々をもてなしつつ、交流を盛んにしております。

赤村 情報

桜まつり：役場前の通りや赤駅周辺の桜並木を、もっと多くの人たちにみてもらおうと近年始まったイベントです。咲き誇るような満開の桜は、赤村の豊かな自然環境による賜物です。これを一目見ようと例年多くの観光客で賑わいます。

ザ・夏まつり：夏休みの終わりとなる8月中旬から下旬にかけて行なわれるイベントで、村びとたちが趣向を凝らしたステージパフォーマンスや出店などが見られます。また、赤村が古くから受け継いできた特有の盆口説きを耳にする盆踊り大会は、興味深いものとして知られています。

文化祭：村を中心に活動する各文化団体や個人が一斉に、作品やパフォーマンスを披露する村の一大イベントです。華やいだ展示会場や個性あふれるステージパフォーマンスの他、村びとたち自身による出店で村の美味を味わうことができることで他地域からも好評となっています。

春のイベント：赤村は筑豊地方の山間部に位置します。筑豊地方と言えばその昔炭坑が300箇所を超え、全国的にも有名でした。その筑豊地方にあって赤村は唯一炭坑がありませんでした。このため、近代化による開発の影響を受けず、古くからの自然環境が広がっています。緑に囲まれ、清廉な水と新鮮な空気のある赤村は、農産物を育むための絶好の環境にあります。県内

でも「うまい米、あか村」という呼び声で広く知られます。

赤村特産物センター：あか村の豊かな農産物、その加工品を集め多くの人々に提供している場所が「赤村特産物センター」です。お米をはじめ、新鮮野菜や果物、そして農産物をふんだんに使用した加工品がいつも並んでいます。季節の野菜は遠くから、レストランや料亭の食材調達に訪れる人も少なくありません。また、加工品には、村びとたちがこれまで日頃から食べてきた食文化を象徴するものがたくさんあります。

鮨割烹すさ喜：赤村の名所のひとつ、油須原駅前に店を構え、リッチな雰囲気の中で本格的な和食を味わえることで知られます。

ログハウス喫茶「百笑」：創作料理と軽食、喫茶のお店で、マスターの「小さなお店に笑顔の輪をつくりたい」との思いがあふれています。健康第一をモットーに、自家製の安全・安心食材を活かしたメニューで人々の笑顔をつくります。「薬草カレー」が根強い人気です。

お食事処　あかの駅：定食を中心として、庶民派の料理が楽しめるお店です。看板メニューの「しょうゆ焼き」は、お好み焼き風の生地にモチモチうどんを包み、コクの効いた旨みが後を引きます。やわらかな「鶏のから揚げ」や旨み出汁の「うどん」もおススメ。

焼き鳥　御免ね：村の人々が集う居酒屋。リーズナブルな値段の焼き鳥や、濃厚な味わいの焼きうどん、各種鉄板物が人気メニューです。夜のにぎやかな赤村の雰囲気の中で、お酒とともに楽しいひとときをどうぞ。

亀　立喰いうどん：看板メニューのうどんとともに、ご主人こ

わりの自家製手打そばが堪能できるお店です。カウンターの他テーブル席も多く、ご家族でお好み焼きも楽しめます。定番の田舎風おでんは、村びとたちのソウルフードとして親しまれています。

ほたる館レストラン＆カフェ「モクモク」：「日本の伝統である白ご飯を、和×洋×フレンチの融合で美味しく楽しむ！赤村に上陸した、新しい食のカルチャーを体験しよう！」がテーマのレストラン＆カフェ。赤村産のお米を土鍋で炊いた白ご飯と、赤村牛100％の炭火焼ハンバーグがおすすめです。安心・安全で新鮮な食材を使ったこだわりの料理を提供します。カフェタイムにはお米を牛乳で甘く煮たフランス発祥のデザート「リオレ」をお楽しみいただけます。大きな窓から見える自然とともに、お腹も心も満たされる時間をお過ごしください。

※団体利用により一般の食事利用に制限が生じる場合がございます。ご利用の際は事前にご連絡いただきますようお願いします。

温泉レストラン「からく亭」：フレンチレストランを営んでいたシェフが腕を振るい、地産地消を目指した手作りの料理をふるまいます。日替わり定食のほか、ローストビーフ丼や鱧出汁ラーメン、旬のフルーツを使ったスイーツなど、様々なメニューを提供します。

　赤村は英彦山を水源とする今川の両岸にある平野部を中心に発展してきました。つまり、今川は赤村にとって母なる川です。その今川を親しめる場所としては、源じいの森グリーンシャワーガーデン、リバーサイドガーデン、そして特産物センター前のこぶり広場、我鹿八幡神幸祭の際にお旅所となる今川公園があ

ります。これらの場所はいずれも水深が浅いため、清流に親しまれるスポットとして人々がつどいます。

源じいの森：森の中のこの建物は、宿泊施設、研修・会議室・運動やコンサートのできるほたる型の多目的ホール・食堂があります。グリーンシャワーガーデンで森の散策や木の遊具、森を縫って流れる川で自然を満喫できます。森の作り出すグリーンシャワーやほたる館の光の塔が作りだす空間は訪れる人たちをやさしくお迎えします。詳しくは源じいの森のホームページへ。

食と農という歴史文化を通して「あか村らしさ」を堪能できる場所が、「赤村特産物センター」です。この特産物センターには「とことん赤村」という憩いの場があります。ここでは「ばっちゃんカレー」（おかわり自由）が好評です。あか村をおなかいっぱい味わえるマル秘スポットです。

ここでは赤村の人々が好んで止まない、美食スポットを紹介します。ぜひ一度ご堪能ください。赤村でのひととき、より楽しくいい思い出づくりに花を添えますよ。

いきなり村役場のホームページから引用したのは、休日で誰にも話しを聞けなかったからです。それにしてもお堅い語り口で、ほとんど赤村の魅力を発信しているとも思えません。だからここでは、ファミリー向けの見どころを補足してみました。

赤村トロッコ油須原線：のどかな風景を走るトロッコ列車は子どもたちに大人気。この「油須原線」は実際には使われなかった「幻の路線」。赤駅から野原越トンネルまでの往復3キロ強をのんびり走るトロッコ列車の運行は、原則毎月第2日曜日の10時から16時まで約30分間隔（例外あり、要確認）。

◎補足情報＝トロッコ列車の運行日に当たらなかったら、村内をカーブして貫く平成筑豊鉄道に一定区間だけ乗ると良い。えんじ色（？）の2両連結ディーゼル車両は趣があるし、未確認情報だが時間帯によると、レストラン列車に変身することもあるらしい。

　お泊まりは源じいの森で、テントキャンプから冷暖房完備のロッジ、露天風呂やサウナの他、貸し切りの家族風呂まで備えた温泉まで揃っている。森の入り口にあるほたる館でも宿泊可能。レンタサイクルもあり。

福岡県朝倉郡東峰村(とうほうむら)
北緯33度23分50秒　東経130度52分12秒
面積51㎢　村人1675人　財政力指数0.13

　そうは険しくない山道を走って東峰村に入った途端、急に陶器の窯元が多く見られるようになって、他の村にはない独特の雰囲気を醸し出しています。村役場の玄関にも陶器がいっぱい飾ってあって、きっと陶芸が盛んなのだろうと思いましたが、土曜日の夕方なので閉まっています。

　役場看板だけ撮って帰ろうとすると、ちょうど交代時間に当たったらしく、中に入ろうとする人がいるので声をかけました。

「全国の村を取材している者ですが、観光パンフレットがあればいただきたいのです」と低姿勢でお願いすると、「私は留守番をしているだけでわからない」

「せめて地図だけでも」「頼まれて管理しているだけだから‥‥」

第2章　九州ルート

　私みたいなイレギュラーな訪問者に対して、わからないながらもそんなセクションでパンフを見つけてくれるのが管理じゃないんかい、なんて車の中で腹立ち紛れに書き殴っていたら、別なドアから出てきて、ひとつだけあったと小冊子を持ってきてくれました。管理人さん、悪たれを吐いてごめんなさい。

　その貴重な東峰村観光ガイドブックによると、ここには小石原焼と高取焼のふたつの流れをくむ、40以上の窯元が今も伝統を大切に受け継いでいる、とのことで、本当に怒ったままでパスしなくて良かったですよ。

東峰村 情報

　小石原焼とは、1669（寛文9）年、初代高取八蔵の孫、八之丞がこの地で陶土を見つけたのが起源。1682（天和2）年に筑前福岡藩主が磁器の生産が盛んだった伊万里にならって作り始めた。主に「飛び鉋」という連続した削り模様をはじめ、刷毛や櫛を使った「刷毛目」「櫛目」などの模様が特徴。

　高取焼とは、筑前福岡藩主・黒田長政が朝鮮出兵の際、陶工・高取八蔵を連れ帰り、現在の福岡県直方市に築陶させたのが始まり。その後御用窯として栄え、1665（寛文5）年に小石原に移窯し、茶陶・高取焼として名を高めた。陶器でありながら磁器のような薄さと気品ある釉薬が持ち味。

泉種吉窯：伝統的な技法を受け継ぎながら、自然の色を持つ、

軽くて持ちやすい器づくりを心掛ける。

泉利美窯：食器や花器など幅広い品揃え。「民陶は眺めるのではなく使うもの」という想いで作陶する。

今鼓窯：伝統技法に工夫を施し、グラデーションの器や土味の力強い器など、ひと味違った作風が特徴。

翁明窯元：「毎日使う器だから、日々の暮らしがもっと楽しくなる器を」。そんな想いを込めて‥‥。

太田熊雄窯：大胆な流し打ち掛けの大物から料理に合う藁白釉の器など、日常使いできる器もそろう。

太田實窯：昔ながらの飛び鉋の器が特徴。オリジナルの梅花のワンポイントやガラスを施した器もある。

鬼丸豊喜窯：土肌の黒と化粧土の白のコントラストが目を引く器。見ても楽しく、軽くて使いやすい逸品。

要窯：心和む器をテーマに、鎬や面取りのほか草木を掻き落としという技法で絵付けした器が特徴。

カネハ窯：山や田んぼに囲まれ「半陶半農」の窯元。使うほどに愛着と話の輪が広がる物作りを目指す。

川崎哲弘窯：用途に合わせて生地の厚さを調整した"割れにくい器"が喜ばれ、業務用の注文も多い。

蔵人窯：飛び鉋や麦絵、力強い一本飛び鉋、白土のシンプルな器などオリジナリティあふれる器が揃う。

圭秀窯：土づくりからさまざまな行程を手作業で行う器は、土の温もりを感じる暮らしの道具が中心。

秀山窯：秀山ブルーと呼ばれる藍色を特徴とする。鉄釉、藍釉、緑釉の織りなす器は神秘的な美しさ。

まるえい窯：白い化粧土に椿や山葡萄、トンボやメダカなど、

自然素材をテーマに描いた絵柄が楽しい。

早川窯元：伝統の手技を守り、暮らしに役立つ器を作る。"コ
ット"は30年以上のロングセラー商品。

宝山窯：化粧土を強い息で吹き付ける独自の器は滑らかな肌触
り。楕円や角などの新しい形の器も提案。

まるた窯：イギリスとスペインの窯元で研修した経験を、独自
に追求した作品は国内外で多くの賞を受賞。

森山製陶所：植木鉢作りから始まった窯元。現在は個性的な形
や色を取り入れた器など進化した作品を作る。

善窯：掻き落とし模様の花瓶や透かし彫りの行燈など、ほかで
は見られない作品は繊細で美しい。

柳瀬本窯元：創業350年の窯元。伝統的な器のほか、呉須を使っ
たモダンな器など新スタイルを提案。

高取八仙窯：江戸時代を代表する茶人、小堀遠州の「綺麗さび」
を追い求める。深みのある風合いが特徴。

高取焼宗家：420年の歴史と一子相伝による直系窯元。今も遠
州茶道宗家の指導を受け、伝統技法を継承。

高取焼元永陶苑：高取焼の伝統技法を継承した茶入・水指・花
入など茶陶器と暮らしの器、生活陶器をそろえる。

鬼丸雪山碧山窯：初代雪山の伝統を守りながら茶道具を中心に
制作。天然の材料で複雑な色や文様を生み出す。

・・

　ガイドブックには全部で42の窯元が紹介されているので
すが、ページ数の関係で割愛させてもらいました。ここに
載せられなかった窯元でも魅力的な作品の写真を出してい

る所も多いので、焼き物好きな人は、ぜひ現地を訪れて確かめてみてください。

　この他に「手仕事」として、いくつかの窯元があがり、人形工房、手吹きガラス工房、革工房、ギャラリーなどがありますから、きっと楽しい体験ができるのでしょう。

　村自慢の農林水産物加工品を21品、東峰村小さな宝認定品として売り出していて、珍しいところでジョロキアとハバネロなんてのが入っていますが、あんまり辛い食品は胃にも頭にも悪いのではないかしら。

　私が個人的にすごいなと感じたのが、全部で400枚もあるという石積みの棚田で、昔の人の知恵と努力の結晶だと思います。田植え後の水を張った棚田に夕日が反射する5月、ホタル飛び交う6月、まだ青い稲が風に揺れる8月、登熟した稲穂が黄金色に波打つ9月、一面の雪に覆われて静かにたたずむ冬の棚田など、四季折々の表情を見せる中でも、10月末から11月初旬にかけてのライトアップは見逃せないイベントです。福岡県や大分県の人ならずとも、こぞってお出かけください。きっと素晴らしい風景に出会い、あたたかいお持てなしを受けることでしょう。

第2章 九州ルート

熊本県阿蘇郡産山村(うぶやまむら)

北緯32度59分44秒　東経131度13分00秒
面積60k㎡　村人1305人　財政力指数0.16

　途中に道の駅、水郷の里おかやまがあったので、トイレ休憩をしました。すると個室に座ると自然と目に入る壁に「トイレットペーパー一巻55円で絶賛販売中」のポスターが貼られています。こんな宣伝は見たこともないので、よくよく確かめると、中国語、韓国語、英語、そして日本語が併記してあるではないですか。

　ははーん、用を足すついでにトイレットペーパーを持っていってしまう奴がいるのだな、と納得しましたが、なんとケチくさいこそ泥じゃありませんか。

　こう言っちゃ悪いけど、大陸の人は他人の目がなければ何をしても良い、という国民性に染まっている人が依然として多く、だからこそ下水に浮かんだ油をすくってお店の揚げ物に使う、なんて芸当もできるのでしょう。だけどお

国が未だに古くさい領土拡張主義に毒されていて国際的ひんしゅくを買っている上に、海外旅行している人までもがこれ以上の反感を受けるようだと、そのうちにどこの国にも行けなくなってしまうのではないかと危惧します。

　それはそうとして、外に飲料水の自販機があって、値段がちょっとだけ高いのです。よく見るととなりに何かの機械があって、飲み物を一本買うと、60分だけEV自動車の充電ができるのだそうです。こんな風に新技術が広まっていくのかと感慨しきりでしたが、あのシステムは相当な赤字ではないかと心配になりました。いずれ損害分は取り戻す目算があるのでしょうが、なんとも気の長い話です。

　阿蘇山を間近に臨む産山村は、ハイキング（トレッキング）よし、サイクリングよし、ドライブよしと、どんな交通手段でも楽しめる適度なアップダウンのある村で、おまけに乗馬や日向ぼっこまでエンジョイできる結構なところです。

第2章　九州ルート

産山村 情報

コースA　ヒゴダイ公園と山野草コース：距離約3km強、最大標高差125m、所要時間約45分＝ヒゴダイ公園内を散策する周遊コース。ビジターセンターから見る雄大な阿蘇五岳の眺めからはじまり、渓谷へ降りていきます。川沿いで様々な野草を見ながらキャンプ村へ。森を抜けて、阿蘇を背にグングンと登っていけばビジターセンターに戻ります。季節の草花を観察できる手頃なハイキングコースです。

コースB　池山水源と見晴らしコース：距離約8km、標高差155m、所要時間約130分＝環境省選定の名水百選にも選ばれている池山水源が見どころの周遊コース。池山水源発着で田尻地区には飲食店も複数あります。水源からグイグイと登ると阿蘇五岳が一望できる上田尻牧野沿いの道を通ります。そしてやまなみハイウェイから森の中を通る旧村道を下って池山水源に戻ります。アップダウンが多く、健脚の方向けです。

コースC　山吹水源と扇棚田コース：距離約10km、標高差350m、所要時間約160分＝産山の見どころをいくつも巡ることができるコース。距離10kmのうち大半がゆるやかな下り坂です。牧野の眺望と扇棚田の絶景ポイントを通るパノラマラインを楽しみつつ、森の中にひっそりと佇む山吹水源を訪れます。ヤマメ料理専門店の「産山水魚園」がある乙宮集落を通って御湯船温泉館へ。ゴールは地元にも県外にも人気の湯治場です。

フットパス北里コース：約2キロ半＝木魂館から出発、世界農業遺産に認定された千年の歴史や文化、自然の営みを感じるコース。北里博士生誕の地を巡ろう。

85

フットパス下城コース：約3キロ半＝国道212号沿いの駐車場から「霧通しの滝」、「鍋釜滝」を間近に見れる遊歩道へ。落差30メートルの迫力ある「下城滝」も眺めることができます。

旧国鉄宮原線ウォーキング：片道約4km＝1984年に廃線の旧国鉄宮原線には多くのアーチ橋やトンネルが残っています。旧北里駅跡まで四季折々の風景を楽しめる散策コースです。

　レンタサイクル情報としては、小国町のゆうステーションと、南小国町の瀬の本レストハウス、阿蘇くじゅうサイクルツアーがあるみたいですが、事前に確認した方が確実だと思います。肝心の産山村にはないのですが、本が出版されている頃にはできているかも。

小国町モデルコース：距離23km、所要時間約2時間弱、最大高低差213m＝のどかな山間や温泉街、滝など見どころも多いコース。北里柴三郎記念館、下城の大イチョウ、杖立温泉などがあり、アップダウンも少なく、のんびり走れて初心者にもおすすめ。

南小国町モデルコース：距離39km、所要時間約3時間、最大高低差530m＝瀬の本レストハウスを出発、道から丸見えで「日本一恥ずかしい露天風呂」満願寺温泉、綜合物産館きよらカァサ、小国両神社、夫婦滝、季節ごとの景観が堪能できる黒川温泉街などを巡って戻る。

産山村モデルコース：距離約40km、所要時間約3時間半、高低差519m＝産山村を1周する爽快コース。美しい湧水スポットも！長いアップダウンやカーブには注意を。ヒゴダイ公園、山吹水源、うぶやま牧場、産山温泉などを巡る。

第2章　九州ルート

　車ならば自由自在、阿蘇外輪山の麓ですから、どこをど
う走っても景色は雄大でないはずもなく、むしろよそ見注
意報が発令されそうなくらいの風景が流れていきます。そ
して村内には信号機がないので、交差路ではゆずり合いの
精神で走りましょう。

　おなかがすいたら地元で育ったあか牛の焼き肉丼、ステー
キ、タタキ、カルパッチョか、湧水で養殖したヤマメ・ニ
ジマスの塩焼きか刺身、それとも朝採り山菜料理かグリー
ンカレーオムライスかで大いに悩んでください。水がいい
から、豆腐や油揚げ、それにコーヒーなどもおいしそうです。

　特筆すべき点は、「井」という姓が日本で一番多いこと
で、い、あるいはいーと呼ばれるが、なにしろ村民の2割
が井さんなので、混乱を避けるために目上の人に対しても
名前で呼ぶ習慣なんだとか。そんな特殊事情を逆手にとっ
て、「全国いーさん祭り準備委員会」も発足、村を挙げて
取り組んでいるらしいです。

87

熊本県阿蘇郡西原村(にしはらむら)

北緯32度50分05秒　東経130度54分11秒
面積77km²　村人6690人　財政力指数0.34

　産山村からは阿蘇山を挟んで真反対の南西麓にある西原村まで、快適なドライブとはほど遠い土砂降りの雨に降り込められたので、これ幸いとばかりに途中のコインランドリーでお洗濯。備え付けのマンガを読みながら乾燥まで待っていると、ようやく雨が上がりました。

　胸突き八丁めいた短い急坂を登った先にある村役場は高台にあって、晴れていればさぞかし見晴らしが良いだろうという立地にありましたが、山は深い霧雨にさえぎられていて残念。

　役場では**パンフレット**を3部もらえましたが、そのうち1部は熊本の市町村に共通の「熊本復興プロジェクト麦わらの一味ヒノ国復興編」で、おなじみワンピースの仲間が各地に派遣されて復興を支援するという形で、ここ西原村に

第2章　九州ルート

はナミの銅像が建っています。

・・・・・・・・・・・・・・・・・・・・・・・・・・・・・・・・・・・・・

【profile】
　天候を操り波を越える天才航海士！ルフィたちの助けで苦境を脱し、心の底から信頼できる仲間を得たナミは、かつての夢をかなえるために出航した。航海士としての腕前は天才的で、天候に関する知識を応用して、天候棒（クリマ・タクト）を駆使して戦闘でも活躍！

　ついでに次に訪問予定の南阿蘇村にはロビンが派遣されているので、まとめて紹介します。

【profile】
　考古学の聖地オハラで育ち、幼くして博士号を得たほどの優秀な考古学者。歴史の真実を記す遺物 "真の歴史の本文（リオ・ポーネグラフ）" を見ることが夢。ハナハナの実の能力と、考古学者としての知識を武器に、ルフィたちと冒険しながら、"失われた歴史" の真実に迫っていく！

　それにしても熊本県出身という尾田先生、なんて巨乳好きなんでしょうか。
　もう一枚は令和6年5月発行の「西原村議会だよりゆうすい」で、表紙は西原村出身歌謡曲歌手の星!!　飛雄馬さんの写真で飾られていました。

89

◇生年月日／ 2004年2月1日　◇星座／水瓶座　◇出身／熊本県阿蘇郡西原村　◇身長／ 165㎝　◇血液型／ A型　◇趣味／さんぽ、アウトドア、ドライブ　◇特技／包丁研ぎ、料理　◇好きな食べ物／肉、果物　◇所属／エスプロレコーズ

　熊本出身　阿蘇山の爽やかボイス、として売り出し中の飛雄馬さんのデビュー曲は「天使の棲む街」だそうです。それがどうした、と言われても困りますが、西原村でもらったパンフレットの縁で紹介しました。

　最後の一枚は「風の里西原村の暮らし案内・ムライジュー」で、マップとデータ、子育てと教育、移住者インタビューなどが載った地味なパンフでした。

　と、ここまでで、西原村について書くことが尽きてしまったので、ホムペに助けてもらいましょう。

HP情報

　西原村には、俵山をはじめたくさんの山があり、登山家の方にはもちろん、初心者の方でも楽しんでいただけます。

　たくさんの方々が登山を楽しむため、登山にもマナーやルールがあります。例えば、登山中は離合の際、登りの人を優先し、下る人は待っておくといったもの、追い抜くときは声をかけるなどがあります。

　今回は西原村で有名な登山スポットである俵山、一ノ峯・二ノ峯において知っておいていただきたい情報、そして初めての方でもわかりやすい**ルール**と**マナー**をお知らせします！

①**必ず登山届を提出しましょう。登山届とは？**　日時やメン

バーや登山のルート、持っていく装備など、自分たちの登山計画のすべてをまとめた書類で、警察や第三者に自分たちの行動を知らせるための物です。

②**天候や体調に心配があるときは、登山を中止して下山しましょう。**山の天気はとても変わりやすいです。必ず気象データをチェックしましょう。そして、体調管理も怠ってはいけません。当日の体調もそうですが、前日までも体調管理に注意しましょう。すこしでも天気や体調に違和感がある場合は、すみやかに下山しましょう。

③**登山計画は余裕をもって。**自分の体力や経験にあった山を選びましょう。ブログやYouTube 等をみてシミュレーションするのも大切です。初めてではない方でも、登山計画には十分余裕を持ちましょう。

④**必要な装備は身につけましょう。**季節によって山と平地では寒暖差がかなりあります。暑さ寒さどちらにも対応できるような服装を準備しましょう。そして、急な雨の場合などのためにも、レインコートなどの雨具を常備しましょう。

⑤**行動食は持参しましょう。**登山ではたくさんのカロリーを消費します。登山中に十分なカロリーを摂取しないと体がばててしまいます。このことを登山用語で「シャリバテ」といいます。エネルギーを補給するのにおすすめなのはチョコレートやようかんなど1つで100cal以上補給でき、なおかつ持ち運びしやすいものがおすすめです。

⑥**無理なく自分のペースで適度に休憩を取りましょう。**山には様々な傾斜やきちんと整備されていない道を通ります。整備されている場所でも俵山は、地震の影響などですこし崩れて

いる木の階段を登らなくてはならないため、体力を奪われます。無理なく自分のペースで登山しましょう。

⑦**希少植物の持ち帰りは禁止です。**花や実、昆虫採取もできません。また、登山道を外れて歩くと貴重な生態系に影響を及ぼすため、登山道以外は歩かないようにしましょう。私たち登山者が自然界の生態系を守る意識をしましょう。

⑧**ごみは捨てずに持ち帰りましょう。**あたり前なことではありますが、持ってきたごみは持ち帰りましょう。

「来た時よりも美しく」を合言葉に、登山をする皆さんで心がけましょう。

⑨**火の扱いには十分注意しましょう。**火は山火事の原因となります。地域や場所によっても火気厳禁が多いです。火の取り扱いには十分注意しましょう。

⑩**野焼きや放牧に気をつけましょう。**俵山や一ノ峯・二ノ峯は、他の山とは違い大自然を生かし牛や馬などの動物の放牧や毎年2月から3月にかけて、阿蘇一帯では野焼きがあります。動物に注意するのと同時に、野焼きの時期にも気をつけましょう。

野焼きの目的　野焼きによってダニなどの人畜に有害な虫を駆除するとともに、牛馬の餌である草を育てています。野焼きをやめると木が生い茂り草原はなくなります。この阿蘇の美しさは野焼きによって保たれています。

⑪**危険動物には注意しましょう。**山には、野生のシカやイノシシのほかにも、蛇などが生息しています。

もし、遭遇してしまったら

・大声で威嚇しない

第2章　九州ルート

　・走って逃げない

　・こちらから近づかない　を心がけましょう。

　以上のことを登山者のみなさんでこころがけて行き、安全安心の楽しい登山にしましょう。

【俵山】登山コースの紹介　萌の里登山口〜山頂

　今日ご紹介するのは、俵山登山コース第2弾！俵山交流館萌の里から山頂を目指すコースを紹介します。

　前回ご紹介した俵山峠コースよりも、距離は2kmほど長く時間としては3時間ほど長いコースです。

　すこし中級者コースですね。それではまずは、萌の里コースの基本情報をお伝えします。

◇登山時間／約6時間〜6時間半　◇距離／約8km　◇標高／1095m　◇高低差／約800m　◇駐車場／俵山交流館　◇萌の里　第二駐車場　お手洗いあり

　萌の里に車を停めて登るので、お手洗いもあり、下山したときに冷たい飲み物やアイスを買えるのがとっても嬉しいですよね。

※萌の里の営業時間は9：30〜17：30です！

　その他、休館日などはお調べのうえお越しください。

　わたしたちが登ったのは、6月半ば。梅雨の時期でしたが、天気予報を確認し晴れの日を狙っていきました！

9：00　萌の里第二駐車場登山口集合　さっそく出発！

↑登山口　登り始めから約1時間弱は日陰のない、山の表面を登ります。この日は30度越えの猛暑日！　雲ひとつない青空で、本当に暑かったです…しばらくすると、放牧用の柵が出て

93

きます。

↑"山頂まで約2時間"の文字　ここから先は、牛の糞がたくさん落ちているので要注意　ほとんどが渇いている状態の糞ですが、気を付けて歩いてください〜！

↑日陰はまだかな・・・と言いたくなるような、開けた高原。地味にきつい　30分ほど歩くとようやく森の中へ入る分岐点が出てきます！

10：30　分岐点　↑茂っていて分かりにくいですが、左方面に入って行って大丈夫　そこから20分ほどでさらに分岐。

　こちら道が開けている左の方に行きたくなりますが、看板通り右に進んでくださいね〜

↑分岐

↓茂みをかき分けて進んでいくと…振り返った先に風車が！この先も、山頂方面に向けた看板が設置してあるので迷う心配はありません。

12：00　山頂に到着！　山頂もかなり開けているので日陰を探すのが大変ですが、山々に囲まれた絶景とお昼ごはんに持って来ていたお弁当で回復！！

　1時間ほどしっかりと休憩をし、来た道を戻ります。途中、来た道とは違う道へ進む箇所があるので少しだけ注意してくだい！

　さくさくと降り進め、15：30頃下山　おつかれさまでした〜降りてすぐ自販機で炭酸を買って、一気に飲み干しました　笑

　この日は本当に暑く、飲み物を1.5ℓほど持っていきましたが、全部飲み干してしまいました！

　皆さまも登山の際は、十分に飲み物を持って、くれぐれも熱中症にはお気を付けくださいね。

第2章 九州ルート

熊本県阿蘇郡南阿蘇村(みなみあそむら)

北緯32度50分42秒　東経131度01分04秒
面積137km²　村人9488人　財政力指数0.22

　南阿蘇村に入る頃には天気が回復して、雄大な山々の上に青空が広がっていきました。間近に仰ぐ阿蘇五岳は迫力満点で、心が洗われるような風景です。

　杵島岳1326m、烏帽子岳1337m、中岳1506m、高岳1592m、そして根子岳1433mが東西に一列に並ぶ様子は、地元で言われているように釈迦の涅槃像に見えなくもありません。ありがたいことです。

　それにしても車で走っていて、やたらに目につくのが「赤うし」ののぼり旗で、よっぽどの名産なのでしょうか。黒毛和牛は本書の後ろの方でも出てきますが、奄美諸島から送り出された仔牛が、各地で成牛になって、その土地の名前を付けて消費者の元に届けられると聞きましたが、あか牛はそれとはルーツを異にするのでしょうか。

仔牛といえば、金子みすゞさんがいい童謡詩を作っています。

仔牛（べえこ）

　ひい、ふう、みい、よ、踏切で、
　皆（みんな）して貨車をかずへてた。
　いつ、むう、ななつ、八つめの、
　貨車に仔牛（べえこ）がのつてゐた。
　賣られてどこへゆくんだろ、
　仔牛ばかしで乗つていた。
　夕風つめたい踏切で、
　皆（みんな）して貨車をみおくつた。
　晩にやどうしてねるんだろ、
　母さん牛はゐなかつた。
　どこへ仔牛（べえこ）はゆくんだろ、
　ほんとにどこへゆくんだろ。

赤い鳥・大正14年2月号

　これは拙著『みすゞのわかれ童謡（うた）』にも載っている作品で、この本は出すのに苦労しました。
　みすゞ作品はとっくに著作権が切れているのに、某出版局が全ての作品の著作権は自社にあると主張して、一応お伺いを立てる形をとった私に対して、あなたの本は出版させません、くらいのことをほざいたのです。
　私も好んで争いに身を投じるタイプではないので、そのときはとりあえず引き下がり、雑誌などに発表された作品

だけを集めれば文句のつけようがないだろうと、自選投稿
106作と、自死後公開9作品だけでようやく書き上げたので
すが、それが金子みすゞ没後120年にようやく間に合った
というタイミングで、ずいぶんと悩ましい思いをさせられ
たものでした。

　そんなことを考えていたら、もうれつに腹がすいたので、
とある道ばたのお店に入りました。「赤うし焼肉丼」が人
気とのことで注文、しばし待つとこれでも大丈夫かと思う
くらい赤身の肉が乗せられたどんぶりが出てきました。焼
き肉だから醤油だれの焼味がついていると思いのほか、白
いご飯に乗っかった大判の牛肉は、外側に少しばかり火が
入っているだけであとは真っ赤なのです。

　豚肉などとは違って、牛肉は表面だけ火を通せば食べら
れるとは知っていますが、あまりにも生部分が多いのでびっ
くりしました。それでも何種類かのタレにつけて食べるあ
か牛はおいしくて、ご飯も残さずにいただきましたが、そ
れがいけなかったのです。

　車で走り始めて30分もすると、急にお腹が痛くなってし
まったのですが、あか牛の名誉のためにも、それはご飯の量
が多かったせいだと言っておきます。家では半合のご飯でさ
え持て余すのだから、どんぶり一杯は分量が多かったのです。
　そのせいかどうか、ノートに記録が残っていないのです。
どこの村役場でも、応対してくれた人にお勧めを聞いてい
るのに、ここに限っては村名を記したページすらないのです。
だからこのあとは、パンフレットに沿って書いていきます。

私は車に乗っていますし、バイクで颯爽と駆け抜けていく人も少なくない中で、ここ南阿蘇村は公共交通機関利用だけでもかなり回れる貴重な村だと思います。もちろんそれなりの不自由さはあるものの、電車バス利用の最大のメリットは昼飲みができること。もちろん朝飲みでも良いのですが‥‥。

　私は今回、何度目かの禁酒期間中だったので、運転中に飲みたいのを我慢することはありませんでしたが、今度の禁酒はもう半年以上続いているので、このまま卒業ということになると思います。

　熊本と大分を走るJR豊肥本線の立野駅から、野趣あふれる南阿蘇鉄道の小旅行が始まりますが、大分側から乗ってきた人には素晴らしいプレゼントがあって、それが今ではとても珍しいスイッチバックです。

　前後3駅間の標高差が295mもあるこの路線では、単に折り返すだけでは克服できずに、Z型に二度もスイッチバックするというサービスぶり。しかも最大斜度33パーセントもある急勾配を自力で上っていくのですから、思わず健気なディーゼル機関車を応援したくなるじゃありませんか。

　熊本から乗った人は、わざと赤水まで乗り過ごしてしまい、このスイッチバックを2回体験して立野まで戻ってもいいくらいの名所でした。

　南鉄最初の駅は長陽で、陽気な駅長の資本ケーキ（間違いかも知れないと知りつつパンフのままに転載）とウクレレ弾き語りが楽しめる久永屋があります。

　加勢駅を飛ばして次の阿蘇下田城駅には、不思議で怪し

い機械仕掛けの発明品がお出迎えする阿蘇カラクリ研究所
が併設。

　白水高原駅には、「この場所で本を読めたら最高だ」を
きっかけに開いた古本屋・ひなた文庫があります。

　次の中松駅には、特撮系コレクション満載の駅舎で味わ
うジビエカレーと湧水菓子の秘密基地ゴンがあり、阿蘇白
川駅にはアメリカンアンティークと穏やかな喫茶店75th.ST
があるのです。

　白川水源駅には、なんさん（とにかく）安くて美味しい
Cafe倶利伽羅の名物手作りバーガーがあり、コマーシャル
のロケ地にもなった見晴台駅先の終点高森駅は、復興の汽
笛が鳴り響く夕日の見えるプラットホームだぞと、とにか
くどこで下りても楽しめそうな駅ばかり。

　しかも沿線には湧水群が散りばめられていて、白川水源、
竹崎水源、妙見神社の池、吉田城御献上汲場、小池水源、
明神池名水公園、池の川水源、湧沢津水源、寺坂水源、川
地後水源、塩井社水源が、いずれも徒歩圏内にあるのです
から、湧水マニアならずとも、この内のいくつかは訪れた
くなろうというものです。

　少し頑張って歩けば、泉質雰囲気がそれぞれ異なる南阿
蘇温泉郷五岳五湯にも行けるのです。

火の山温泉＝主な泉質は「傷の湯」と称される硫黄塩泉。
鎮静作用が高く、お肌のトラブルにも効果が期待できそう。
さらに日によって緑白色や茶褐色の濁り湯になることも。
「癒やしの里」は家族湯を10室備え家族連れに人気。

栃木温泉＝新阿蘇大橋を渡ってすぐ、名湯と原生林を望む絶景湯。開湯300年と南阿蘇村の中でも最も古い温泉郷。泉質は美肌成分をたっぷり含んだ単純温泉。間近に滝や照葉樹の原生林を望むロケーション。

地獄温泉＝殺菌作用が高く、古い角質を除去しお肌の調子を整えるという酸性硫黄泉が湧く。足元から湧く生まれたての湯が楽しめる「すずめの湯」が人気。着衣入浴での男女混浴が楽しめる。

垂玉温泉＝紅葉名所・金龍の滝に湧く湯触りトロトロの美肌湯系。天然の保湿成分であるメタケイ酸を豊富に含む単純硫黄泉。100年以上の歴史を誇る山口旅館が日帰り入浴施設「瀧日和」としてリニューアル。

白久水温泉＝肌触りなめらか、お肌のクレンジング効果も期待できる炭酸水素塩泉が特徴。阿蘇五岳をのぞむ絶景が楽しめる宿が多く点在しています。星空や朝焼けシーンも。

　ここでひとつ訂正がありまして、ついつい調子に乗ってしまい、南阿蘇鉄道のいずれかの駅から歩いて行けると書きましたが、上で紹介した温泉郷の中にはかなり遠いところも含まれているので、ご自分で調べてからお出かけ下さい。この路線には3月から11月の土日と夏休み期間中、開放感あふれるトロッコ列車が投入されますから、運が良かったら遭遇するかも知れません。ただし、特別料金が必要。

第2章　九州ルート

宮崎県東臼杵郡椎葉村(しいばそん)

北緯32度28分02秒　東経131度09分30秒
面積537㎢　村人2230人　財政力指数0.17

　ルート的には諸塚村から回った方が、重複がなくてよかったのですが、県道503号線が崖崩れ通行止めのため、やむなく先に椎葉村に入りました。

　川沿いの広い舗装道路を快適に飛ばしていると、鋭角に上っていく先に村役場と看板にありますから、急に細くなった道に入っていきました。すれ違いもできない細道にはバスも通っていますから、慎重に運転して狭い村役場に到着。

　観光協会（ここが実にわかりにくい場所にある）の人は、ひっきりなしに訪れる観光客や地元の人にテキパキと対応していますが、どうしてそんなに人が来るのかというと、予約客が宿に入る時間帯で、この観光協会を通じて補助券がもらえるからです。

　それとなく聞いていると、お泊まり補助券が2000円分と、

宮崎県内だけ通用の3000円券がもらえるとのことで、そんな情報を知らなかった私も、思わず宿の手配をお願いしてしまいました。というのも、車中泊ばかりでかなり疲れていたのと、すぐにも雨が降ってきそうな空模様だったからです。

　観光協会の働き者さんは、少し余裕ができた時に改めて対応してくれて、椎葉村のお勧めポイントを、星が綺麗、食、人と答えてくれました。

　星が綺麗、については当然でしょう。なぜなら日本三大秘境に数えられるという椎葉村ですから、きれいでないはずもないのですが、あいにくとその夜は雨で星は見られませんでした。

　食についても、納得させられるものがあります。

・・・

　そば、とうきび、ヒエ、アワ、こんにゃく、菜豆腐、猪肉、はちみつ、ヤマメ、たけのこ、椎茸、ぜんまい、わらび、川苔、よもぎだんご、あくまき、梅干し、くさぎな飯、柚子胡椒・・・・どれもこれも、椎葉の山で、椎葉の畑で、椎葉の川で椎葉の人が作り、集めたもの。そしてどれも命とつながっています。

　2015年12月に高千穂郷・椎葉山地域が世界農業遺産に登録されました。焼き畑で蕎麦やヒエ、大豆などの雑穀を作り、刈った草で牛を養い、木を切って椎茸を栽培し、また木を育てる、川で魚を獲り、山で相棒の犬とシシ（猪）を獲る。山、森、川、大いなる自然の中で村の人たちがそれを切り開いて形を変えてしまうのではなく、数年のサイクルでまた森に戻し、山を守るという循環を守り続けてきたことが評価されたのです。

第2章　九州ルート

　人についてもしかり、今を生きる人たちも仲良く暮らしていますが、もっと昔にも椎葉村ならではの悲恋物語がありました。

椎葉村 情報

平家落人伝説＝およそ800年前、壇ノ浦の合戦に敗れた平家の武士たち。追っ手を逃れて、各地のふところの深い山奥へ。古文書「椎葉山由来記」は次のように伝えています。

　道なき道を逃げ、平家の残党がようやくたどりついたのが山深き椎葉だった。しかし、この隠れ里も源氏の総大将頼朝に知れ、那須与一宗高が追討に向かうよう命令される。が、病気のため、代わって弟の那須大八郎宗久が追討の命を・・・

　こうして椎葉に向かった大八郎、険しい道を越え、やっとのことで隠れ住んでいた落人を発見。だが、かつての栄華もよそに、ひっそりと農耕をやりながら暮らす平家一門の姿を見て、哀れに思い追討を断念。幕府には討伐を果たした旨を報告した。

　普通ならここで鎌倉に戻るところだろうが、大八郎は屋敷を構え、この地にとどまったのです。そればかりか、平家の守り神である厳島神社を建てたり、農耕の法を教えるなど彼らを助け、協力し合いながら暮らしたという。やがて、平清盛の末裔である鶴富姫との出会いが待っていました・・・

　いつしか姫と大八郎にはロマンスが芽生えました。

「ひえつき節」にもあるように、姫の屋敷の山椒の木に鈴をかけ、その音を合図に逢瀬を重ねるような・・・

　　庭の山椒の木鳴る鈴かけて

鈴の鳴るときゃ出ておじゃれ

　　鈴の鳴るときゃ何というて出ましょ

　　駒に水くりょというて出ましょ

　大八郎は永住の決心を固め、村中から祝福されます。
ところが、やがて幕府から、「すぐに兵をまとめて帰れ」とい
う命令が届き、夢ははかなく・・・

　　和様平家の公達流れ

　　おどま追討の那須の末よ

　　那須の大八鶴富おいて

　　椎葉立つときゃ目に涙よ

　このとき鶴富姫はすでに身ごもっていました。しかし、仇敵
平家の姫を連れていくわけにもいかず、分かれの印に名刀〈天
国丸〉を与え、「生まれた子が男子ならわが故郷下野（しもつ
け）の国へ、女ならこの地で育てよ。」と言い残し、後ろ髪を
引かれる思いで椎葉を後にするのです。

　生まれたのはかわいい女の子。姫は大八郎の面影を抱きなが
らいつくしみ育てました。後に、婿を迎え、那須下野守と愛す
る人の名前を名乗らせたそうです。

　それにしても、なぜ大八郎は平家の落人を発見したとき、す
ぐさま討伐しなかったのでしょうか。それほど哀れな姿に映っ
たのでしょうか。それだけならとどまることなく黙って引き返
してもよかったはずです。

　椎葉に魅せられた作家の一人、吉川英治が「新・平家物語」
の中で、椎葉をこの世の理想郷として描いているのが、ひとつ
の答かもしれません。

敵も味方もない。富も権力も意味を持たない。戦い、憎しみ合ってきた源氏と平氏の間に美しい恋さえ芽生える・・・

人間はなぜ争うのか？という問いの答を、椎葉での鶴富姫と那須大八郎の物語から学んでみようではありませんか・・・。

ちなみに私は、この悲恋物語の舞台になった旅館鶴富屋敷に泊まりました。夕方になっての急な宿泊依頼だったので自慢の夕食にはありつけませんでしたが、その分補助券も使って安く泊まれたわけで、おまけに夜にはザアザア降りの雨で、なんてラッキーだったのでしょうか。

観光協会の働き者さんは挙げませんでしたが、ここ椎葉村はダムでも有名で、耳川水系ダムが8カ所ある中で、2カ所があるのです。

ダム情報

上椎葉ダム＝日本初の大規模アーチダム「閣下」

1955年完成、100m超の大規模アーチダムにおいて日本初！流下する水のエネルギーを弱める減勢工では「スキージャンプ式」を採用。両岸から放流する2つの水をぶつかり合わせ勢いを弱めている。

【ダムDATA】

型式／アーチ式コンクリートダム。ゲート／ラジアルゲート×4。堤高・堤頂長／110m・341m

岩屋戸ダム＝塚原ダム建設時の技術をさらに進化！

「上椎葉ダム」と「塚原ダム」の中間に位置し、豊かな緑を映す閑静なダム。塚原ダム建設で培った日本初近代化施工技術をさらに改善し建造。斜めに整列した9つのピアやダム上流面の張り出し部の曲線もキレイ。

【ダムDATA】
型式／重力式コンクリートダム。ゲート／ラジアル×8。堤高・堤頂高／57.5m、171m。

　ついでといってはなんですが、次に訪れる予定の諸塚村にある4つのダムもまとめてご紹介します。

諸塚ダム＝国内に13基だけ！中空重力式ダム。

　建造コストを抑えるため、中が空洞になっている重力式ダム。空洞部分があるためダムの敷地面積が広くなり安定する、という利点もあり。ダムの下流側には、5つのスリット（切れ目）が入っている。九州で中空重力式ダムが見られるのはココだけ。

【ダムDATA】
型式／中空重力式コンクリートダム。ゲート／ラジアルゲート×1。堤高・堤頂高／59m・149.5m

山須原ダム＝大型ラジアルゲートに注目。

　耳川で2番目に出来た歴史あるダム。2022年に約11年かけたリニューアルが完了。新設された大型ゲートは、ラジアルゲートで国内最大の面積。大型ゲートの門柱には、西洋の城壁を思わせる凹凸も。

※出入り口は、国道のトンネルとの交差点となっているためご注意ください。

第2章　九州ルート

【ダムDATA】
型式／重力式コンクリート。ゲート／ラジアルゲート×7。堤
高・堤頂高／29m・91.140m。
宮の元ダム＝日本で2番目に小さいアーチダム。

　大きいダムばかりにあらず。こちらは堤高18.5mの日本で2
番目にちいさいアーチ式コンクリートダム。小ぶりながらも美
しいアーチ型の曲線を描くその姿に、ダム愛好家もファンは多
い。100m超のアーチ式ダム「上椎葉ダム＝」と見比べてみる
のも面白い。

【ダムDATA】
型式／アーチ式コンクリートダム。ゲート／スライドゲート×
1。堤高・堤頂高／18.5m・87.436m

塚原ダム＝日本で初めて近代化施工を採用。

　日本初の可動式ケーブルクレーンや近代的な機械化施工の導
入など戦前の土木技術の粋を集めて建設されたダム。凹凸型を
したダムの天端は、万里の長城をイメージしたと言われる。文
化庁の登録有形文化財に指定、また経済産業省登録の近代化産
業遺産でもある。

【ダムDATA】
型式／重力式コンクリートダム。ゲート／ラジアルゲート×
8。堤高・堤頂高／87m・215m。

　ここで挟むのは、そんな人がいるかどうか知らないけれ
ど、ダムオタクでサイクリストという人向けのとっておき
情報。
　耳川流域にある8つのダム全てを巡るルートで、一度に

全部回ってもよし、何度かに分けて回るのもいいとなっている。ダムカードは、所定の場所でスマホで撮った写真を見せるともらえる。

　総走行距離＝約156km。獲得標高＝約3,542km。最高到達標高＝約882kmとなっていて、パンフには標高差が図になっているけれど、まったくピンと来ません。特に諸塚ダムのあたりの上りは垂直になっていて、よっぽどの急坂が続くのでしょう。それでも「**ダム閣下と称される上椎葉ダムは一見の価値あり。日本のダム技術に納得!!**」なんて文句にあおられて、チャレンジする人もいるのでしょう。健闘を祈ります。

第2章　九州ルート

宮崎県東臼杵郡諸塚村(もろつかそん)

北緯32度30分44秒　東経131度19分49秒
面積187㎢　村人1330人　財政力指数0.25

　椎葉村から諸塚村までは、それなりの山道でしたが、幸いなことに多少の迂回路だけで村までたどり着けました。村役場で観光課があるかと尋ねると、○○課で兼務しているとのこと、四国九州の村役場のほとんどに観光課がないのは、何か深い理由でもあるのでしょうか。

　見どころを聞くと、地区の神社がそれぞれに夜通し行う夜神楽、モザイク林相のパッチワーク的景観、そして耳川水系ダムをあげてくれました。この内のダムは前項に載せたので、他のふたつを調べてみます。

諸塚村 情報

諸塚村の夜神楽＝諸塚神楽の大きな特徴は他に類のない200体を越す神楽面が残ること。神楽のはじめに行う「舞入れ」では、神面が一堂に並んで道神楽が舞われるが、他の神楽では見られない圧倒的に壮観な舞だ。夜を徹して奉納される神楽舞いのルーツは神話の世界に遡る。天照大神が天の岩戸にお隠れになった時に、誘い出そうと八百万の神々が力を合わせて舞い遊び、岩戸から誘いだしたというエピソードが下地となっている。諸塚神楽では、天照大神や天鈿女神、手力男神といった神話のヒーローだけではなく、山の神や水神など土地由来の神々も登場する。日向神話の物語に登場する神々に加えて、焼畑農耕や狩猟採集など山の恵みを活かしながら暮らしてきたこの土地ならではの神々も織り混ざり、神と人とが共に舞い遊ぶ世界が夜通し繰り広げられる。

戸下神楽＝諸塚村の東南に位置する戸下地区に伝承される。地形的にも隣接する南川神楽とほぼ同根といわれる。十数年に一度行われる大神楽（大成就神楽）では通常の夜神楽では奉納されない番付が8つ加わる。

◇開催時期／1月最終土・日曜日　◇時間／土曜日正午〜日曜日10時ごろ　◇会場／戸下集会所。

　演目としては一番山守二番御拝三番泰殿から五十番の御綱切りまでがある。

南川神楽＝諸塚村の南東部、南川地区に伝承される。隣接する戸下地区とほぼ同流派の舞い。数多くの神楽面が伝えられており、中でも夜中の荒神とも呼ばれる荒神3体が並ぶ問答の場面

は最も盛り上がりを見せる。

◇開催時期／2月第1土・日曜日　◇時間／土曜正午〜日曜日10時ごろ　◇会場／5つの地区の集会場や民家が会場となり、毎年交代で実施されます。梅の木地区、松原地区、佐礼地区、小払地区、中尾地区。

　演目は一番拝み二番神高屋ほめ三・四番地割から三十七番の稲荷（面）までがある。

桂神楽＝桂神楽の起源については明らかでないが、本来桂集落にある桂正八幡神社に奉納されるものであり、この神社は南北朝時代に関東かつらぎの国から勧請されたと伝えられている。開催時期／大神楽（夜神楽）は宮遷宮や神殿の改築、お日待ちの願成就といったときに奉納される。（不定期開催）通常は春秋の例大祭などで神楽三番が奉納される。会場／諸塚神社（立岩）桂正八幡神社（桂）ほか。

　演目には一番宮神楽二番荒神の言い句三番神おろし四番とうせいなどから、二十一番願成就神楽二十二番神送りまでが並んでいる。

　パンフレットには写真もいっぱい載っていますが、写真だけからでも、ひょうきんな演目から厳粛そうなものまで雰囲気が伝わってきます。

　最後のページには、夜神楽観賞の心得とあって、諸塚の神楽は、各集落の住民の手で伝承されてきた神聖なお祭りです。そこに参加させてもらうという気持ちを持ってお越しください。とあります。

●夜神楽を奉納する会場は、地域の集会所や一般の民家です。周辺に宿泊施設はありません。

●会場へのアクセスは、マイカーまたはタクシーの利用となります。会場までの道路が不安な場合は事前に観光協会までお問い合わせ下さい。現地では地元消防団が駐車場の誘導を行っている場合もあります。その場合は、係の指示に従うようにしてください。

●地元では、神事へ参列するお供えとして焼酎（2升〜3升程度）かそれに相当するお金（御神前）を持参する習わしになっています。

●夜神楽が奉納されるのは、民家や集会所の庭に掛け出してつくられる御神屋（みこや）。基本的に屋外での見学となりますので、防寒対策はしっかりとしてお出かけください。

　以上が夜神楽の紹介ですが、神楽カレンダーによれば4月から2月までの期間、かなりの頻度で昼神楽も行われているみたいですから、最新情報を観光協会までお問い合わせの上で行ってください。

　モザイク林相のパッチワーク的景観、というのは、山道を走ってみればすぐに納得します。なにしろ95パーセントを山林が占めている村ですから、どこを向いても山だらけ、だから昔から山と真剣に向き合いながら管理してきました。その結果として杉やヒノキなどの針葉樹と、クヌギなどの広葉樹、そして椎茸栽培・茶畑・畜産牧場などの管理地が複合的に配置された美しい景観ができあがったのでしょう。峠を越える度に新しいパッチワークが広がって、とても楽しいドライブができることは保証します。

第2章　九州ルート

熊本県球磨郡水上村(みずかみむら)
北緯32度18分52秒　東経131度00分34秒
面積190k㎡　村人1859人　財政力指数0.16

　もう一度椎葉村まで戻る道すがら、気にかかるのは使い残した3000円のクーポン。なにしろ宮崎県内限定で2日間しか有効期間がないから、今日中に使ってしまわなければ無駄になってしまいます。寿司屋さんでもあれば、大トロばっかり食べたいとも思ったのですが、山深い里ではそれもかなわず、仕方なくふたたび鶴富屋敷まで戻ってお酒を買いました。私は飲みませんが、博多の友達へのお土産です。

　3000円の呪縛から解放された私は、心も軽く西米良村への山道を走っていきました、とくれば御の字なのですが、現実はそんなに甘くなかったのです。

　数年前の豪雨で崖崩れになった道路の修復が追いつかずに、今でも主な県道が寸断されていて、西米良村へ辿り着くにはわかりにくい迂回路を通らなければならないのです。

113

宿で一緒になった西米良から来たご夫婦が、現地の人の車の後をつけてようやく椎葉村にたどり着いたと語っていましたが、私は根っからの楽天家ですから深刻には考えてもいませんでした。ところがこの迂回路そのものが、とんでもない難所だったのです。

　広い舗装道路はすぐに通行止めになって、その先では大規模な崖崩れの土砂が道をふさいでいる様子が手にとるように見えます。小さく西米良村への迂回路と書いた看板がありますから、そこから山道というには広い林道に入っていきました。この程度の迂回路ならたいしたことはないな、との甘い考えは、行く手に立ち塞がる砂利山ですぐに打ち砕かれます。

　なにしろ道いっぱいに砂利が積んであって、その角度がランドクルーザーでもなければ乗り越えられないだろうと思われるくらいに急なのです。おそらく道路がざっくりとえぐられたのを、直すのに手間がかかるからと、そのまま砂利で埋め立て、沈み込みを計算に入れて多めに積んであるのでしょう。

　行く手を阻む2メートルもの砂利山を目の当たりにして、よっぽど引き返そうかとも思いましたが、それもまた生やさしいルートではないのです。一度椎葉村まで戻り、元来た道を阿蘇山方面に進み、途中から熊本方面に向かって道を西にとってから南下、五木村経由で水上村を目指すか、それとも諸塚村経由で海に面する日向市まで出て西都市辺りから西米良村への道を辿るかしかないのですが、それさえも途中で通行止めになっていないという保証はありません。

114

第2章　九州ルート

　日本国内183の全村制覇をもくろむ身としては、ここは猪突猛進しかありません。ひっくり返りそうになって砂利山を越えましたが、それから先も苦難の連続で、舗装の薄皮一枚が残って下がえぐれているなぞはまだよい方で、山側からの土砂が崩れたままの場所を横倒し寸前の体勢で乗り越えていくなど、スリリングなんてものじゃありません。とがった小石を踏まないように注意し、人頭大の石をよけ、避けきれない倒木の枝をフロントガラスでかき分け、なおかつ落石にも気をつけるという大奮闘を続けること小一時間、ようやく広い舗装道路に出られました。

　大型ダンプでお弁当を食べている人に尋ねると、私の持っている地図を指さして、ここをこう通ってきたからここに出たのだとご親切な説明。自分で考えていたのよりもはるかに遠回りをしてきたことに納得、そこの広い道を下っていけば水上村だというので、こっちを先に訪問することにしましたが、いくら崖崩れの名所だからって、あれはひどすぎましたね。

　そんなわけでようやくたどり着いた水上村役場、職員に聞いてみると、即座に6つもの推しを答えてくれました。

　せっかく勢い込んで6つも挙げてくれたので、パンフレットを参考に解説してみます。

水上村 情報

①ダム湖を1周する桜の里
②白水滝にかかる、透明アクリル板で下が見える2本の吊り橋
③鹿、猪などのジビエ料理
④いちご
⑤米焼酎を造っている酒蔵
⑥キャンプ場とクロカン施設

. . . .

1万本桜＝市房ダム湖畔に咲き並ぶ桜の回廊は、県内有数の桜の名所として知られ、水上村の代名詞にもなっています。高さ80mに達する大噴水も見ものです。桜まつりの開催期間中は夜間ライトアップ区間も。

白龍王橋と白龍妃橋＝夫婦滝である白水滝。雄滝には白龍王橋（長さ164m）、雌滝には白龍妃橋（長さ120m）が架かり、透明の床板を通して真下の滝壺まで高さ150mのスリルを味わえます。春のシャクナゲ、夏の新緑、秋の紅葉と、四季折々の景観が360°楽しめます。

古くから伝わるジビエ食文化＝水上村には、古くから鹿肉や猪肉を貴重なタンパク源として食するジビエ文化が根付いています。特に秋期に木の実や果実を食べ脂がのった猪肉は、冬場のご馳走として珍重されてきました。村内で加工された「鹿肉ソフトジャーキー（燻製)」と「鹿肉ソーセージ」は、臭みが無く、それでいて濃厚な味わいがお酒のおともにピッタリと大人気。

高原イチゴ＝清涼な水と昼夜の寒暖差が育む甘さが人気。水上

村では30年ほど前から、高原イチゴの栽培が盛んで、若手の生産者も多く、全国ブランドを目指し品質向上に取り組んでいます。

球磨焼酎＝ボルドーワイン、スコッチウイスキー等と同様、世界貿易機関（WTO）による地理的表示の産地指定を受ける「球磨焼酎」。水上村内の2つの蔵元で作られる焼酎はいずれも個性豊か。地元でしか入手できない銘柄もあり、贈答にも喜ばれています。銘柄としては最古蔵、櫻盛、桜の里、鬼倒、大石、わいわい家など。

水上スカイヴィレッジ＝標高1000m付近にあり、全長2kmのロードコース及び1.5km、1kmのショートカットコースに加え、中央には300mトラックを整備。コースの周りには、監督やコーチが選手を追えるように周回管理道を設置。クラブハウス1棟、鉄骨ハウス1棟、アイシングプール完備、ランナーが気持ちよく走れる環境です。

　また、市房山キャンプ場の近くには、多くの宿泊施設がある湯山温泉郷があり、趣のある農家民宿などもある。

宮崎県児湯郡西米良村(にしめらそん)

北緯32度13分35秒　東経131度09分16秒
面積271km²　村人893人　財政力指数0.14

　迂回の林道から比べたら天国みたいに快適な舗装道路を走って、西米良村に入りました。あいにくと役場には、ひとりだけいる観光担当者が外出しているとのことで、パンフレットを一冊だけしかもらえませんでした。
「担当ではないのですが」、と対応してくれた職員に話を聞くと、自然の素晴らしさ、一度外に出ないとわからない人の優しさ、温泉とご飯の美味しさ、の三つをあげてくれました。
　ちょうどお腹もすいたので、食事処を聞くと、教えてくれたのが川の駅「百菜屋」、さっそく向かうと、その奥に三角形の橋桁も雄々しい橋が架かっています。聞けば「**日本一の木造車道橋・かりこぼうず大橋**」だとのことで、もっと大々的に喧伝した方がよいのではないでしょうか。

頼んだのはしいたけ南蛮チキン入りで、確かに椎茸の天ぷらは美味しかったのですが、添えられていたのがオーロラソースっぽくって、ちょっと‥‥。

　そこに後から賑やかしく入ってきたのは、押し出しも服装も派手やかな女性で、聞けば無料情報誌「みちくさ」を発行している社長さんだとか。案内してるのは某テレビ関係者で、もう一人同行しているのが役場にいなかった観光課長でした。

　よっぽどご挨拶をとも思いましたが、他人の取材中に横入りするほどの野暮天でもなく、おとなしくご飯を食べていました。出たばかりの初夏号が、西米良の特集号だったので、そんな関係もあったのかも知れません。

　民話語りやジビエ加工食品、ドライフラワーにしたほおずきに灯りを入れて楽しむほおずき小灯し、など、興味深いことはいっぱいあるのですが、ここ西米良村は宿泊に話を絞ってみたいと思います。

　「にしめら香りの里あんない香里行本（かりこぼん）」によると、人口約1000人の小さな村ですが、村民は豊かな自然に感謝し、その象徴である精霊カリコボーズを大切にしています。カリコボーズとは、米良地方に伝わる精霊のことで、ちょっとしたいたずらはしますが、決して悪さはしません。豊かな米良の山里に生き、人々の暮らしを見守っています。とのことですが、この名前は後からも出てきます。

西米良村 情報

RVパークsmart＝インターネットで予約と利用料金の支払いをする自然豊かな無人の車中泊スポット。受付をする必要がないため、営業時間内に到着できなくてもチェックインができます。1泊1台2000円〜。なお川の駅百菜屋にも同様のパークあり。

STELLA SPORTS＝お洒落なテント宿泊プラン、愛犬と一緒に泊まれるヴィラ宿泊プランや【川下り（ダッキー）】【バギー】【レンタサイクル】などアクティビティも充実！宮崎県産の食材を使ったBBQを堪能できるほか、宿泊プランには温泉施設「ゆたーと」のフリーパス券付。一ツ瀬川のせせらぎと豊かな自然中を満喫するグランピングを体験してみませんか。◎大人（中学生以上）12000円〜／人（夜：BBQ　朝：軽食）

☆星の隠れ家コテージは15700円〜。ワンちゃん一匹あたり1100円　※大型犬不可。

高級宿泊施設REBORN＝天星の透間【1日1組限定】の特別なひととき、豊かな大自然を一望できるパノラマビュー。お部屋の中にあるダイニングルームではプライベートシェフが創る旬の食材を使用した料理の数々をゆったりとした空間でお楽しみいただけます。露天風呂に浸かりながら川のせせらぎの音に心身ともにリラックス。優雅なプライベート空間、特別な日の宿泊に。◇スタンダードプラン55000円〜人。宮崎県産黒毛和牛「都萬牛」のロースを含めた全6品の鉄板料理を堪能できるプランです。◇アニバーサリープラン77000円／人◇ラグジュアリープラン110000円／人「都萬牛」のフィレ肉や伊勢えび（時期によってはアワビ）などの高級食材を含めた全8品

第2章　九州ルート

の鉄板料理を贅沢に堪能できるプランです。

※1棟貸切（ご宿泊人数：4名様まで）

カリコボーズの宿＝旧「双子キャンプ村」コテージ型の宿泊施設で、温泉に隣接しているため、お風呂は温泉を楽しむことができます。BBQセットのレンタル可能。夏は川遊びも楽しめ、西米良村の大自然に包まれてのんびりくつろぐのはいかがですか。◇一泊二食付きプラン温泉入り放題。大人6000円／人。子ども3000円。◇素泊まりプラン（コテージのみのお値段となります。布団、寝袋などはご持参いただくか、布団セットをご購入ください。温泉料金100円引きで1日入り放題）◎Aタイプコテージ8800円／棟。

※7、8月は12100円／棟◎Cタイプコテージ7700円。7、8月は8800円／棟。なお棟ごとの宿泊人数制限はございません。

桃源郷の宿＝令和の桃源郷！コテージ型の宿泊施設です。豊かな自然、四季折々の花や草木がそろった非日常。時代をとび越えたような時間を堪能しましょう！◇素泊まりプラン3300円／人※4〜5名様1部屋12000円。◇一泊朝食付きプラン4300円／人。◇一泊二食付きプラン5600円／人。この夕食は、地元のおばちゃんたちが作る郷土料理が16品も揃った「おがわ四季御膳」を頼むこともできる。

※GW、夏休み期間中（7月後半〜8月いっぱい）は素泊まりのみ。要相談：ペットとご宿泊できるお部屋あり。

民宿あさぎり＝1ツ瀬川に面した宿で、宿泊はもちろん、宴会などでも利用できます。鮎釣りのためのおとり鮎もあり、遊漁券も買うことができます。◇素泊まり3500円。◇一泊朝食付き5000円。◇一泊二食付き6000円

森山旅館＝親しみやすい女将さんがお出迎えします。西米良村の旬の食材を使った自慢の手料理に舌鼓！部屋からの眺めに思わず笑みがこぼれるでしょう。◇素泊まり4500円◇一泊朝食付き5500円◇一泊二食付き6800円。

　ここでは宿泊の値段を出していますが、諸般の事情や経年によって数字が違ってくることは充分に考えられますので、ご利用前には必ず事前の確認をお願いしておきます。

熊本県球磨郡相良村(さがらむら)

北緯32度14分07秒　東経130度47分52秒
面積94㎢　村人3786人　財政力指数0.20

　くま川鉄道と平行に走って、相良村に入ります。お茶、連続で清流日本一になった川辺川、鮎が自慢だと語ってくれた職員がいましたが、お茶と鮎はともかく、国土交通省が実施している調査で川辺川(球磨川水系)が日本一になったのは平成18年と19年の2回だけであって、それを「**平成18年度から連続で最も水質の良好な河川を継続中**」とパンフレットに書いてしまうのはずるくないですか。ちょっと誤解を与えかねない表現で、訂正した方がよいと思います。

　誤解を与えかねないといえば、雨宮神社の森が｜トトロの森」みたいでしょというのも、村のみんながそう呼んでるからって、大げさかなの感がしますね。

　そんな風に批判めいたことばかりじゃ申し訳ないので、

ここからは褒めますが、私が一番に注目したのが隠れ念仏の里だということです。

相良村 情報

十四人淵（じゅうよったり）＝貧困に喘ぐ民衆の間で広まった一向宗（浄土真宗）、人吉球磨を統治する相良氏も一向宗の念仏を禁じました。多くの信徒たちが弾圧を受け、貞享4年（1687）に真宗の信徒たち男女14人が細紐で互いに体を結び合い、入水したと伝えられています。

相良三十三観音‥‥毎年春と秋のお彼岸にご開帳が行われています。

十島観音（十四番札所）＝学問の神様として知られる、十島菅原神社そばにあり、ご本尊の聖観音像は木造で123㎝。真宗禁令の頃、仏像仏具などが焼却された。

蓑毛観音（みのも）（十五番札所）＝穏やかな表情の本尊は十一面観音。長寿や家内安全にご利益。

深水観音（ふかみ）（十六番札所）＝その昔、水に不自由していたこの地区の人々が水への祈りを捧げ崇めていたという観音様。歯の神様としても有名。

上園観音（うえんそん）（十七番札所）＝地蔵菩薩と毘沙門を脇に祀ったご本尊の聖観音は子どもの病気にご利益あり。牛馬の守り神。

廻り観音（十八番札所）＝川辺川を見下ろす観音堂にご本尊の聖観音と両脇の阿弥陀如来像、涅槃像が祀られている。ホクロの観音さんとして有名。

第2章　九州ルート

　以上の五カ所は相良村内にある観音様ですが、ついでと
いっては恐れ多いのですが、ついでに他の村にある観音様
についても取り上げてみました。

鵜口観音（球磨村五番札所）＝相良三十三観音の中で最も西の
札所。本尊は十一面観音で、別に毘沙門天と不動明王も祀られ
ている。他の地区にあった舟戸観音をこの地に移設。交通安全、
無病息災、豊作にご利益。

合戦嶺観音（山江村十二番札所）＝山田の伝助が打ち首になり、
首をさらされた所がこの合戦嶺で、殉教の碑が建っている。こ
こから石段を登り詰めたところに聖観音が祀られた観音堂があ
る。合戦嶺という名から勝負ごと、競争ごとで勝利を得るのに
効き目があると。

生善院観音（水上村二十四番札所）＝無実の罪で殺された法印。
その母玖月善女の影仏として千手観音が祀られた。極彩色の厨
子及びお堂は国の重要文化財。お嶽さん参りの始まりとなった
「化け猫騒動」の伝説から、「猫寺」の通称で知られる。

龍泉寺観音（水上村二十四番札所）＝龍泉寺は永国寺の末寺。
観音堂は明治に覚井の善導寺から移した。観音堂には江戸前期
の作とみられる聖観音立像が祀られている。

　ここにはこの本に関係してくる村にある観音様だけを
ピックアップしたけれど、その他は周囲の市町にまんべん
なく分布しています。それでも四国のお遍路さんほどには
広範囲ではなく、参考ルートとして載っている車での所要
時間は、トータルで11時間となっていて、列車利用で歩い

125

てもちょうどよく回れる「相良三十三観音めぐり」と見ましたが、それにしても村内に5カ所しかないのに頭に相良が付いてるって、ちょっとずるくないですか。というのは本心ではなく、相良村の名からではなく、旧領主相良氏の関係だとは理解していますからご立腹されまするな。

　ここの村役場駐車場からの眺望は絶佳で、見晴らしの良さ競争があったら、トップスリーを争うのではないでしょうか。

コラム

第2章　九州ルート

◆ 熊本のうまいもん

　どこぞの村で「**今、伝えたい味とこころ　くまもと・ふる
さとの食文化**」という105ページもある冊子をもらいましたの
で、ネーミングの奇抜な料理だけ取り上げてみたいと思いま
す。え、熊本だけずるいって、だって他の県ではこんな立派な
カタログをもらえなかったもの。

　趣旨としては、県下各地に伝わる郷土料理を改めて見直し、
くまもと食の名人の調理手順や技等を記録し継承したいという
もので、まあ奇抜な料理名のオンパレードです。今回は料理名
の羅列だけで、調理法などは載せていませんが、他県の人には
わからなくとも、熊本出身者ならワクワクすることでしょう。

　からし蓮根、一文字のぐるぐる、どろりあげ、巻柿、おしあ
わせ煮、馬肉入りまぜご飯、まくらぎ、がね飯、ざせん豆、具
酢あえ、お姫さんだご汁、ゆべし、とじこ豆、わきゃのひこず
り、がんば汁、御正忌だご、きゃあもち、赤ど漬け、すぼ豆腐、
やせうま、切りかけ大根、トマト炊き込みご飯、シシ汁、つぼ
ん汁、長万十、あくまき、ねったんぼ、せんだご汁、きだこ鍋、
がねあげ、押し包丁、ぶえん寿司、こっぱ餅‥‥。

　これで終わってもよいのですが、気になって眠れない人が出
ても困るので、特にわかりにくい料理だけ説明してみます。

127

一文字のぐるぐる＝一文字とは細めの分葱（わけぎ）のことで、これをゆでてから、白根を青い葉の部分でぐるぐる巻きにし、合わせ酢みそや辛子酢みそなどでいただく。

どろりあげ＝にがうり、たまねぎ、かぼちゃ、なす、ちりめんじゃこ等を炒めてから煮るもので、小麦粉でどろりとさせることからのネーミングか。

おしあわせ煮＝お参りやお祝いのおもてなし料理。一晩水につけておいた大豆をミキサーにかけ、鍋で3回沸騰させたら荒熱をとってからにがりを3回に分けて投入、炒めた野菜類と混ぜ合わせてできあがり。

まくらぎ＝砂糖とピーナッツをゆで、小麦粉も入れて焦げないようにまぜる。ラップを箱に敷いて流し入れたら形を整え、切り分けて盛り付け。できあがりの形が、鉄道の枕木に似ている。

具酢あえ＝水気を切った豆腐をすり鉢で30分ほどすり、ねばりが出てなめらかになったら砂糖と酢を入れてのばし、塩、淡口醤油、酒で味をととのえてから、再びすり鉢で良くすって白酢にして器に入れ、大皿の中心に置く。椎茸、蒟蒻、筍、あげ、人参、キュウリ、山芋、もやし、糸寒天、花麩、塩ワカメ、いんげんなどをそれぞれ調理味付けして、それらの具材を放射状に色よく並べ、皿に取って白酢をかけて食べる。

わきゃのひこずり＝わきゃとはイソギンチャクのことで、塩抜きし、割り箸を刺して半分に切ってから塩みがきをする。鍋でわきゃを炒め、味噌を入れ混ぜ、砂糖、だしで味をととのえて刻んだニラを添える。

ねったんぼ＝皮をむいて煮たさつまいもを餅米と一緒に炊き、しっかりつぶす。砂糖と塩を入れて全体がなめらかになるまで

混ぜ、きな粉と黒砂糖をまぶす。

　もうキリがないので解説をやめますが、カラー写真入り
で作り方まで詳しく載っているカタログは見ているだけで
も楽しくてお腹がすいてくるみたいです。自分で作ってみ
たい人、ふるさとの味を追体験したい人がいたら、熊本県
農林水産部農林振興局むらづくり課にお願いして送っても
らって下さい。在庫があれば送っていただけるでしょうか
ら、思う存分に研究してくまもとの食をご堪能ください。

熊本県球磨郡五木村
北緯32度23分50秒　東経130度49分40秒
面積252km²　村人825人　財政力指数0.21

　五木の子守唄で今に名を残す、山深い五木村を訪れました。本年4月末時点での人口が939人、財政力指数が0.21を即答するとは、この職員はただ者ではないぞ。しかも担当するのが移住者斡旋の部署だというから、将来は村長さんかも。

　役場とNPOが連携して移住希望者を募っているが、その効果もあって村人口がウィキペディアの数字と違っているのかも知れません。一ヶ月単位で一年以内のお試し移住を受け入れているとのことで、その条件は悪くはありませんが、移住希望者はエントリーシートを提出して本気度をチェックされます。

　この審査を通ると、晴れて単身用1Rを月額10000円、家族用1LDK・2LDKを月額17500円で借りられるのです。共

有スペースに冷蔵庫・電子レンジ・洗濯機が設置してあり、電気代水道代、それにガス代は自分持ちにしても破格の条件であるには違いなく、本気でどこかへの移住を考えている人は検討の価値あり。

村民憲章
一、相手の立場を尊重し、心のふれあいを大切にします
一、健康、しあわせ、生きがいを求めて生涯学びつづけます
一、仕事に誇りをもち、広い心で村づくりに励みます
一、自然を愛し美しく住みよい子守唄の里をつくります
一、歴史と伝統を守り文化の村を築きます

こんな格調高い村民憲章を宣言している五木村ですが、一番の問題点はお仕事でしょう。今やっている仕事を継続しながらの移住であれば、通勤距離にもよりますが、あまりメリットはないと思います。反対に今の仕事を辞めてここで新しく就業しようとしても、求人数や職種が限られているのでむずかしいかも知れません。それなら村独自の支援制度がある起業や創業はどうかといえば、それが一番適しているかも知れませんが、いわゆるベンチャー企業で成功するのはほんの一握りなのが実情ではないでしょうか。

それなら八方塞がりかといえば、これがそうでもなくて、移住・定住支援サイトにも掲載されているように、求人数や職種が限られているものの、村内にも仕事があるのです。ただし今まではこんな役職に就いていた、こんな快適な生

活をしていた、なんて妙なプライドや執着心を捨てて、どんなお仕事でもありがたく務めさせていただきます、ご近所さんとは仲良くして決まり事は守ります、という謙虚な気持ちは必要でしょう。これは日本中、どこの村へ移住するにしても肝要な心持ちで、近所付き合いもせず、決まり事の集会や労働奉仕にも出ないのであれば、村八分にされても文句は言えないでしょう。

　それらのことはちゃんとこなしているのに、それでも意地悪されるなんて人もいるかも知れませんが、それはやはり移住者の方に問題があるのではないでしょうか。村人たちがなんの落ち度もない移住者をボイコットするはずもないのですから、よくよく自分の胸に手を当てて考えてみれば、納得するところがあるのではないでしょうか。

　だから一番いいのは、小さな子どもさんが一緒のファミリーのケースで、まず子ども同士が仲良くなり、お母さんが地域の輪に溶け込み、そしてお父さんが村の力になるようなお仕事に就くという順序でいけば最高です。

　都会での求人もそうですが、何でも文句を言わずにやりますという気持ちであれば、仕事はいくらでもあるのです。だから五木村でも、これから「五木ブランド」として大々的に世に送り出そうとしている林業にも働く場はあるでしょうし、くねぶ関連の仕事に就いてもいいと思います。

第2章　九州ルート

五木村 情報

復活した幻の柑橘　五木「くねぶ」＝昔から五木村の各家庭で植えられ、子どもたちのおやつや酢の物等の料理に、そして焼酎割りにと、暮らしの中で親しまれてきた在来柑橘です。ルーツは16世紀室町時代後半に、琉球（沖縄）を経由して日本にもたらされ、当時、日本にはサイズの大きな生食用の柑橘がなく、「くねぶ」は大変もてはやされたと伝えられています。やがて江戸時代になると温州みかんが登場し、関東以南の日本各地で栽培されるようになると「くねぶ」は日本各地から姿を消し、現在では、五木村と九州沖縄のごく一部でのみ栽培されている、希少な在来柑橘となっています。

「くねぶ」の美味しさは、酸味の中に広がる自然な甘さとさわやかな香りが特徴です。また、ストレート果汁は濃厚で、希釈してもその美味しさを十分に楽しんでいただけます。夏はサイダーで割って、冬は蜂蜜とお湯でホットにして、美味しく召し上がれます。

「くねぶ」には、ビタミンC、クエン酸のほか、フラボノイドの一種である「ナリルチン」「ナリンジン」という成分が含まれています。特に、果皮には、果肉に比べより多くのフラボノイドが含まれています。

　酸味の中に広がる自然な甘さと爽やかな香りが特徴の万能柑橘「くねぶ」。五木村ではいろいろな加工品やお酒等が特産品として販売されています。

☆ストレート果汁110ml＝摘み取った新鮮な久根部の皮をむいて、そのまま丸ごと絞った100％ストレート果汁です。無添

133

加、無着色、無香料で、特に焼酎割りやお湯と蜂蜜を加えてホットドリンクとしても美味しく飲んでいただけます。

☆**くねぶポン酢300ml**＝くねぶの上品な香りを活かし、酸味と甘さを絶妙なバランスで仕上げたポン酢です。焼き魚や鍋物、サラダ、焼肉など、いろんなお料理に美味しく召し上がっていただけます。

☆**くねぶシロップ160**＝くねぶの果汁と、国産グラニュー糖だけで作りました。ドリンクやアイス、かき氷、酢の物などにもおすすめです。

☆**くねぶのお酒500mlアルコール分12度**＝五木村に伝わる希少な在来柑橘「くねぶ」を使ったリキュールです。そのまま氷を入れてロックで、炭酸で割ってソフトドリンクやカクテルのベースに、女性の方にもおすすめのお酒です。

☆**五木くねぶゼリー 110g**＝太陽のめぐみをたっぷりと浴び、五木村の自然に育まれた幻の柑橘「くねぶ」。その高貴な香りとやわらかな酸味を活かしたゼリーです。

☆**くねぶドロップ85g**＝甘さ控えめで果汁の美味しさが一粒にギュッと凝縮しています。

☆**くねぶサイダー 200ml**＝阿蘇の天然水を使った"地サイダー"で知られる門前町鉱泉所とのコラボで誕生したサイダー。かわいい瓶入りで、柑橘くねぶの香りが爽やかです。

☆**くねぶ唐辛子・くねぶソルト30g**＝ピリリと辛く、くねぶの香りが楽しめる唐辛子はうどんや蕎麦、炒め物などにピッタリです。くねぶソルトは天ぷらやお刺身、サラダなどにかけると香り豊かに美味しさもまします。

☆**くねぶロールケーキ 1ロール／スライスカット**＝程よい甘

第2章　九州ルート

さのクリームをくねぶの皮を練りこんだふんわり生地でやさしく包んだスイーツです。お洒落な香りをお楽しみください。

☆**くねぶinあいす120ml＝**さわやかな香りのくねぶゼリーが入った本格バニラアイスです。くねぶの酸味とミルクの風味が相性抜群です。

☆**くねぶチェッロ500mlアルコール分11度＝**じっくり時間をかけて香りと旨味を引き出した果実酒です。製造は老舗球磨焼酎蔵元で、伝統の醸造技術と情熱が詰まっています。

☆**くねぶチューハイ＝**くねぶ果汁‥大さじ2／炭酸水‥100cc／焼酎‥50cc／ガムシロップ‥適宜。焼酎を炭酸水で割り、果汁とガムシロップを加える。

　九州で唯一（？）のバンジージャンプもある五木村、いつか訪れてみてください。

熊本県球磨郡山江村(やまえむら)

北緯32度14分48秒　東経130度46分00秒
面積121k㎡　村人2997人　財政力指数0.15

　ここまでかなり飛ばしてきて、日程的にも余裕ができたので、明るいうちに道の駅子守唄の里五木に入りました。朝も昼もちゃんとした食堂でちゃんとしたご飯を食べたので、夜は軽く「すうどんでっせ」。

　真夜中に尿意で目を覚まし、トイレの帰りに空を見上げると、月がなくって満点の星空。寒さをこらえて感動しているとお腹を冷やすのは経験済みなので、早々に車内に戻ったけれど、もしも宝くじが高額当選でもしたら、ルーフ全面をガラスにした特別注文車を作って、いわゆる星のきれいな名所を訪れてみたいなんてぼんやりと考えていましたが、そろそろ免許証を返上しようかという後期高齢者の望むことじゃないね。

　それ以前に、宝くじに当たったら、こうしよう、ああも

第2章　九州ルート

しようなんて計画している段階で、すでに取らぬ狸の皮算用でしかない。

いかにも山ふところに抱かれる感じのする道の駅で、気持ちよい朝を迎えた私は、まだ早いけど山江村役場に滑り込んでいきました。

始業前の玄関を掃除していた女性に見どころを聞くと、やまえ栗、ボンネットバス、清流万江川、フットパスを挙げてくれました。ついでに財政力指数を尋ねると、即座に0.15と回答されてびっくり、あの女性職員も将来は村長さんになるかも知れませんね。

山江村 情報

「やまえ栗」を村の宝と位置づけ＝山江村の栗栽培は、昭和初期に村が熊本県から栗の原種の配布を受け、優良品種の普及のため採取畑を設置したのがルーツとされています。

昭和38年には「山江村栗振興協議会」が設立、昭和40年代は日本一の栗の生産を目指して栽培技術の向上や生産管理の統一を行い、大阪、名古屋および東京市場等に出荷されるようになりました。

村の肥沃な土壌、南向きの丘陵地帯、盆地特有の朝晩の気温の寒暖差などが栗の栽培に適していたことや、生産者の栽培技術向上の取り組みによって徐々に「やまえ栗」の品質の良さが認知されるようになり、昭和52年度に「やまえ栗」が天皇皇后両陛下へ献上される栗に選ばれました。

このことで日本一の栗との評判が立ち、山江村といえば「やまえ栗」と言われるほど村を象徴する特産品となりました。

村では、平成8年に栗産地をもつ全国の自治体や関係者が集う「第2回栗サミット」が開催されました。また、これまでに「栗リンピック（やまえ栗を使った料理・スイーツ・工芸品のアイディアコンテスト）」をはじめ、「マロン合唱団」の結成、ボンネットバス「マロン号」の産業遺産の登録、「栗の木オーナー制度」、「栗マラソン」、「栗収穫体験ツアー」、「やまえ栗まつり」などを開催しており「やまえ栗」が村づくりの核となっています。

今では村の農家の8割が「やまえ栗」を栽培し、重要な観光資源となっているほか、山林の環境保全においても重要な役割を果たしています。また、平成28年9月からは「やまえ栗条例」の制定により、「やまえ栗」を村の宝として位置づけました。

特性としては、甘みの強さや栗本来の風味や香り等がパティシエや料理人から高く評価されており、「やまえ栗」を使った菓子等がJR九州の高級クルーズトレイン「七つ星」や日本航空国際線ファーストクラスで提供されるなど、「やまえ栗」としての消費が拡大しています。

ボンネットバス「マロン号」＝いすゞ製の50年物で、昭和53年に九州産業交通株式会社から寄贈を受け、静態保存されていましたが、地元有志により平成5年に復活、平成17年に産業考古学会推薦産業遺産へ認定されました。4月のつつじまつり、9月の栗まつりなどのイベントに活躍、村のPRに役立っています。

万江川＝山江村の清らかで美しい清流は訪れる人を魅了し、夏の訪れを感じさせます。夏には川遊びやキャンプ、バーベキュ

ウをする家族連れで賑わいます。設備も充実しており、毎年多くの方が訪れます。

フットパス＝①山田辻ヶ丘コース②山田合戦峰コース　③万江清流コース　④別府・小山田コース　⑤新層貴石コースがあり、それらの見どころのいいとこ取りをしたような、1日じっくり歴史探訪コース（ご利益スポットあり）もある。

①合戦峰観音堂＝相良三十三観音十二番札所。日本遺産構成文化財認定。勝負ごとで勝利を得るご利益があるとか。②山田大王神社＝国指定重要文化財。正安年中（1299～1302）創建と伝えられています。永吉庄山田村地頭であった平河次郎藤高の霊を祀る神社。本殿は南九州地方で中世に遡る数少ない建築。③高寺院　④息吹きさん＝ぜんそくなどの咳の病気にご利益があると伝えられています。にが竹を15cmぐらいにきった火吹き竹を歳の数だけお供えするそうです。今はストローでお供えしている方が多いです。⑤古代の杜公園　⑥三つ子大明神＝子どもの健康へご利益があるそうです。⑦西福寺跡阿弥陀堂＝享保21年建立。境内には、室町から江戸時代までの五輪塔群があり、花祭りも行われます。⑧万江阿蘇神社＝享保13年創建。近くには樹齢400年以上の大きなイチョウの木があります。⑨柳野観音堂＝筆を持った観音様が祀られています。字が上手になりたい方はここでお参りするといいかも。⑩淡島神社＝小さな鳥居をくぐると、安産祈願や腰から下の病気にご利益があるといわれています。「安産梅」も人気で、近くには樹齢500年を超える大きなイチイガシの木があります。⑪山江村歴史民俗資料館＝山江村の歴史に関する貴重な資料が数多く展示されています。また、隠れ念仏（一向宗禁制）に関する資料や

山田村の伝助についてもわかりやすく紹介しています。

山江温泉ほたるの4つの魅力

魅力1＝肌触りもまろやかな良質の天然温泉。

地下1000メートルから噴出する温泉はナトリウム炭酸水素塩泉で、スーパーマイナスイオン陶板浴をはじめとする12種類の温泉設備をご用意しております。

◇高齢者の方におすすめの「歩行浴」 ◇低周波により筋肉の疲労を癒やす「低周波浴」 ◇温冷浴ができる「水風呂」 ◇ミスト状の温泉「備長炭温泉蒸し風呂」 ◇大量の泡で体のコリをほぐしてすっきり「気泡浴」◇「浮き風呂」 ◇趣のある岩風呂風「スーパーマイナスイオン陶板浴」◇仰向けになってのんびりできる「リラックス浴」 ◇人目を気にせずのんびり温泉三昧「家族風呂」 ◇2種類のサウナ、体の芯から汗をかいてデトックス！

魅力2＝地元の特産や旬の食材を使ったお料理。

夕食献立例　先付け／前菜／お造り／陶板／揚げ物／焼き魚／飯物／汁物／デザート

※季節や仕入れにより内容が異なります。ランクアップとして料理長おまかせ会席があり、釣れたばかりのヤマメをシンプルに塩焼きにした、事前予約で提供するヤマメ塩焼きもあります。

魅力3＝4タイプの和みの空間。

温泉かけ流しが楽しめる露天風呂付客室、檜風呂付客室の他、最大8名様まで宿泊可能な和室20畳、和室10畳がございます。

魅力4＝当館併設の山江物産館では、地元の特産品や山の幸を

第2章　九州ルート

販売しています。お土産にどうぞ。栗まんじゅう、びっ栗だんご（各種詰め合わせセットあり）。レトルト栗カレー200g。干し椎茸、干しワラビ、干しゼンマイ、干し竹の子、干し梅、梅干しなどは、季節によって在庫がない場合がございます。お問い合わせください。

　次なる球磨村に向けて車を出そうとすると、時ならぬ「ラジオ体操よおーい」の声。今は8時15分で、確か全国的には6時半開始じゃないかと思っていると、役場から職員がいっぱい出てきて駐車場で体操を始めたじゃないですか。見ている内に自分でもやってみたくなり、何十年かぶりにおなじみの曲に乗って体を動かしてみましたが、順序とかやり方とかは覚えているから問題ないものの、むしろ大変なのは運動能力の方でした。
　体が前後左右に曲がらないのは日頃から自覚していましたが、ジャンプした途端に着地でふらつくとは、実に情けないものです。そういえば、ここ十数年、両足を同時に地面から離すジャンプなんてしたことがなかったのを思い出しましたが、寄る年波には勝てないとはこのことかと実感したラジオ体操でした。

141

熊本県球磨郡球磨村（くまむら）

北緯32度15分08秒　東経130度39分03秒
面積207km²　村人1748人　財政力指数0.15

　球磨村役場で財政力指数を尋ねると、総務課の人が数人で調べてくれたのはいいけれど、ずいぶんと時間がかかっているのです。まだ全部の村を巡ってはいないけれど、おそらく球磨村役場は、財政力指数見つけでの最長記録を保持することでしょう。

　ここでは一枚物も含めて、観光パンフレットを17部もくれましたが、こちらはパンフレットいっぱい渡しのチャンピオンかも知れません。

　あまりにも時間がかかるので、まったく無関係なセクションの職員に尋ねると、球磨川と山との景観が素晴らしい、棚田がきれい、球泉洞がすごい、沢見の展望所からの見晴らしが絶景、と挙げてくれました。

第2章　九州ルート

球磨村 情報

球磨川下り＝日本三急流のひとつ、球磨川を木舟で下る。もともと江戸時代に人や物資を運ぶために運行していた運搬船でしたが、明治41年から鉄道が走るようになったことで、その使命がほとんどなくなり、運搬に使われていた小舟が観光用に変化したのが球磨川下りの起源です。

希望に合わせてえらべるコースが5種類！

●ミドル（人吉〜温泉町）●ロング（温泉町〜鎌瀬）●激流（一勝地〜鎌瀬）●ショート（人吉〜相良）●こたつ船（人吉〜温泉町）。完全予約制のコースもあり、要確認。

1dayプレミアムラフティング￥13800＝所用8時間、2名より催行、手作りランチ付き。ランドアース設立時より大好評のプラン！全コース12kmを午前と午後に分けて下ります。ランドアースが積み上げてきたラフティングを全て体験できるのがこのコース。川遊びから超ド級の瀬まで、丸一日、感動と興奮の連続間違いなし！特別な1日をご体験下さい。

1/2dayラフティング￥8000＝所要4時間、2名様より催行。時間的に‥体力的に‥という方には1/2dayがオススメ！超ド級のラフティングツアーを午前と午後、ご都合に合わせてどちらかを選ぶことができます。※小学生の参加は午前コースのみ。

1dayキャニオニング＆ラフティングプレミアムコンボ￥14800＝所要8時間、手作りランチ付き。二大アクティビティの両方を体験できる大満足コースがこちら！ランドアースが培ってきた経験やテクニックを全てお届けいたします！清流を身体で下るキャニオニングとゴムボートで激流を下るラフティング！忘

143

れられない最高の1日をプロデュースします！

1/2キャニオニング¥8000＝所要4時間。人吉・球磨の自然がもたらす最高な水遊び。美しい清流に差し込む木漏れ日を浴びながら、自らの身体で川を下って行きます。一枚岩から成る滝をロープで下降したり、15mの天然ウオータースライダーを滑り下りたり！大自然の恵みを身体いっぱい感じ、マイナスイオンを全身で吸収できる極上のアクティビティです。

松谷棚田＝標高150〜250mの山腹斜面に、大小さまざまな不整形の田250枚以上が扇状に広がる見事な棚田。春の菜の花、夏の水田、秋の稲穂、冬の雪景色と四季折々の絶景が楽しめる。
※那良の棚田からは松田棚田を奥に望む事ができ、コラボ写真を撮れるほか、毎床の棚田、奥ノ口棚田、大瀬の棚田など、それぞれに趣のある棚田があるから、自分なりの棚田めぐりも楽しい。

球泉洞＝2〜3億年かけ移動し、隆起した石灰岩地層は、標高600mの大蔵山や標高695m権現山から、標高925mの秋払山にかけて見ることが出来ます。これらの山にしみ込んだ水が、数十万年から数百万年かけて造り出したのが、鍾乳洞です。昭和48年に愛媛大学学術探検部によって発見された九州本土最大級の鍾乳洞が球泉洞です。その全長は5000m。世界的にも貴重な鍾乳石が豊富に存在しています。探検コースにある♡型の石を見つけると幸せになるよ！

沢見の展望所＝エメラルドロードと名づけられた国道219号線を、球泉洞の少し先から林道に入って3キロほど走り、5分ほど歩いた突き当たりにある。眼下に球磨川や球泉洞、大瀬の棚田を見下ろし、正面には八代海を一望できる絶景ポイント。高

第2章　九州ルート

い崖から突き出すように作られた、あまり頑丈そうでもない手
作り展望台が怖いけれど、ここからの眺めはまさに絶景。球磨
村で一カ所だけしか行けないとしたら、迷わずここでしょう。
高所恐怖症の人は、手前のベンチから観賞すること。

球磨村甚句

球磨村名所を甚句に説けば　　加藤清正虎之助
八重のやまなみ切り穿ち　　　立ちし巌は指呼の間
四十八瀬の岩をかむ　　　　　清正公岩と名を残す
流れ絶ゆまぬ球磨川は　　　　洞口広く類いなき
球磨村男児の晴れ姿　　　　　岩戸の洞に神宿る
千古の謎を閉ざしたる　　　　球磨川渡しを下に見て
地底の華か球泉洞　　　　　　西を固めし渡利城
千変万化の姿あり　　　　　　十八外城の一つなり
参勤交代相良公　　　　　　　踏みわけ登る国見山
倒しちゃならない槍なれど　　秘かに開く寒蘭は
倒さにゃ通さぬ槍倒し　　　　球磨村乙女の風情あり
悠久はるか二億年　　　　　　燃ゆる思いは高沢か
メガロドンの化石群　　　　　かけし情けは大久保か
秩父・四万十二分する　　　　山は緑に水清く
断層走るや大阪間　　　　　　人も情けもいや深き
　　我が球磨村は　　日本一

第3章

鹿児島県の島と村

鹿児島県の島々と村

三島村 (鹿児島県鹿児島市名山町)
北緯31度35分40秒　東経130度33分39秒
面積31k㎡　村人356人　財政力指数0.07

　今回の四国九州取材旅行も、いよいよ余すところ三島村と十島村のふたつだけになりました。と言っても、このふたつはいくつかの島から成る集合体村落で、鹿児島市にある村役場は出張所みたいなものなのです。だからよっぽどパスしようかとも思ったのですが、それでは本書の趣旨にも反しますから、一路九州自動車道を南下しました。

　山頂からうっすらと噴煙を噴き上げている雄大な桜島を眺めながら昼食をとり、三島村役場を探し回っている内に、見る見る濃くなった噴煙が折からの東風に煽られて市内は靄がかかったような情況に。息苦しいような、煩わしいような雰囲気に気が滅入りますが、土地の人は平気の平左で涼しい顔。あの程度の噴煙は、鹿児島人には何でもないのでしょう。

第3章　鹿児島県の島と村

　ようやく探し当てた村役場は、形容しがたい青系統の色に塗られた3階建てビルでした。エメラルドグリーンというには淡く、水色というには緑っぽい派手やかな外壁と違って、中は雑然として村役場感がとても稀薄なのですが、自前の役場ではないので当然なのかも知れません。

　お話しを伺うと、三島村は三つの島で構成されているとのこと、だから三島村なんだと妙に納得。

三島村 情報

●黒島＝周囲20.1㎞、面積15.5㎢、人口181人

　村で最大のこの島には大里、片泊という二つの集落があります。他の二島に比べ島全体に森林が多く、動植物も豊富で、様々な渡り鳥や昆虫など、多彩な自然の姿が見られる島です。森林からわき出る清水は海岸の断崖で滝となり、白滝の美観を見せています。離れ瀬の多い島周辺には、絶好のフィッシングポイントが散在し、とくに塩手鼻、赤鼻などはイシダイのメッカと言われ、島内外から釣りマニアが訪れています。

　緑豊かな自然環境のなか、椎茸栽培や大名竹などの収穫に恵まれ、特産品として出荷されています。また広大な土地を生かして牛の放牧も盛んで、足腰の強い「みしま牛」の育成に力が注がれています。海岸線の奇岩や断崖など景勝の地で、日没時の美しいサンセットは圧巻です。

塩手鼻＝黒島有数の景勝地で、主に安山岩を主体とする柱状節理や塩類風化による特異な景観の断崖絶壁になっている。※歩

149

道崩落の為立ち入り禁止

潮溜まり＝黒島は砂浜ではなく丸石が集積した珍しい自然海岸。引き潮時には水溜まりに魚やカニが取り残され、小さな水族館のようである。

植物群落＝黒島は南限と北限の植物が混在している珍しい島。国指定天然記念物に指定されている「薩摩黒島の森林植物群落」は手つかずの自然がいっぱい。植物や生物などを観察しながらのトレッキングもおすすめ。

黒島平和公園＝太平洋戦争中に特攻隊が最後に見た島が黒島と言われている。慰霊と平和への祈りを込めて建立された特攻平和観音像や、平和の鐘があり、毎年5月には、慰霊祭が行われている。

神社巡り＝御祭神を大事にする黒島には大小様々な神社がある。黒尾大明神社や菅尾神社など比較的足を運びやすい神社から、トレッキングをしながら回る神社など様々な場所に奉られているので、島散策の楽しみとして「神社巡り」もおすすめ。

星空観察＝三島村はどこから夜空を見上げてもきれいな星空観察ができる。空気が澄み、空が暗く、広く開けていると特に星空観察がしやすいと言われている。三島それぞれの星空観察スポットを探してみよう。

みしま焼酎・無垢の蔵＝三島村特産のサツマイモを使った公設公営の焼酎蔵。原材料の「ベニオトメ」は島の老人会などで丹精込めて作っている。蔵の見学もできるので希望の方は、事前予約を。

イバドンの墓＝文次4年（1118）、源氏の武将宇都宮信房が、平氏打倒に連れてきた勇士一族の大庭三郎家政は、平家の美し

い娘に恋をし、打倒軍引き上げの後も島に残り、娘と夫婦になり、日暮村で暮らした。村人は「大庭ドン」と呼んでいたが、いつしか訛ってイバドンになってしまった。大庭三郎の死後、そこに墓が建てられた。日暮村一の美女を見初めた人と言うことで、この墓を掃除する時は、若年の少女ほど墓に近づけたという。

有吉佐和子文学碑＝作家・有吉佐和子は昭和43年、黒島を舞台にした小説「私は忘れない」を発表。同年、小説をもとにした映画が黒島ロケによって撮影されました。有吉さんを偲び「私は忘れない」の題字を刻んだ碑が建てられています。

●硫黄島＝周囲19.1km、面積11.7㎢、人口121人

　3つの島の中心に位置し、椿、つつじ、車輪梅の原生林や、道路まで放し飼いの孔雀がさんぽする、のどかな風景が見られる島です。畜産と漁業を主な産業とし、温泉や名所旧跡など豊富な資源を生かした観光も盛んな島で、島の北東部には、現在も盛んに噴煙を上げる活火山、硫黄岳（703m）がそびえ、名前のとおり岩肌一面に硫黄を噴出しています。また、島のいたる所から温泉が湧き、流れ出た温泉と硫黄が黄緑色や赤色に海の色を染め、海岸沿いに湧き出た露天風呂は、皮膚病に絶大な効果のある、日本名湯百選にも選ばれる名泉。

東温泉＝その名前の通り、島の東側に位置して、前面には東シナ海、背後には硫黄岳という大自然に囲まれた露天風呂が特徴です。硫黄岳の火山ガスが溶け込み、湧き出す温泉で、日本でも一・二位を争うほどの酸性度の高さを誇ります。そのため洗髪や洗顔などには適さず、目に入れるとしみてしまいます。

温泉水と反応して変色した乳白色の海水と、バクテリアにより緑色に見える湯だまりの対比が爽やかです。この強烈な個性から、日本の秘湯100選にも選ばれています。

坂本温泉（改装のため休止中）＝島の北側海岸からわき出る温泉で、充分な入浴施設はありませんが、干満の時間帯を上手に計りながら入浴するスタイルは独特です。湧出温度が高温のため冷たい海水と混合することで入浴が可能となります。泉質は塩分濃度が濃く、保温効果などがあり、かつては島の人々は近くの小屋に寝泊まりしながら湯治をして過ごしていたという湯。

大谷湯・穴之浜温泉＝この二つの湯は、明確な入浴施設はなく、本当にワイルドな温泉湧出現場といえるでしょう。両方とも島では北側に位置していますが、大谷湯は海岸に堆積した岩礁の一部から湧出するというもので、入浴はよっぽどの条件がそろわない限り、なかなか難しいでしょう。

　穴之浜温泉は条件によっては湯つぼが現れますが、温泉湧出によって海面が変色するところに面白さがあります。その色の美しさから「七色の海」と島のひとは表現しています。

三島開発総合センターの入浴施設＝入浴料無料（島外の方は有料）で楽しめるのが三島開発総合センターです。他の硫黄島の温泉は個性的なものばかりなので、開発センターの入浴施設は一番気軽に楽しめるといえるでしょう。泉質も単純泉で入りやすく、島民とのふれあいも楽しむことができます。湧出温度は42度くらい、泉源が遠く温度が低下するため、追い炊きしています。

安徳天皇ゆかりの地＝壇ノ浦の戦いで、二位の尼に抱かれて入水したはずの安徳帝が硫黄島に逃げ延び、後年、資盛の娘櫛匣

第3章 鹿児島県の島と村

の局をお后として隆盛親王が誕生した。その子孫が現在の長濱家であると言われている。寛元元年（1243）66歳で生涯を閉じた。その最初の住居があったと伝わる「黒木御所」や、供養されていると言われる「安徳天皇御陵」。眺望の良さから現在は展望台になっている「平家城跡」などあります。

俊寛像＝京都鹿ヶ谷荘にて平家打倒を企てたとして、俊寛は硫黄島に配流されたと伝えられています。同じく配流された平判官康頼、丹波少将成経はのちに赦されましたが、俊寛のみが取り残され、失意のうちにその37年の生涯を閉じました。硫黄島にある俊寛像は、遠のく赦免船を追いかけている姿をあらわしています。

恋人岬（希望の鐘、しあわせの鐘）＝赤い岬橋を通った先にある恋人岬は、島を一望することができ、晴れた日は屋久島や口永良部島、種子島の島影を望める。硫黄岳を背景に「希望の鐘」や「しあわせの鐘」を鳴らしてみては。

硫黄岳＝島のシンボルとも言える硫黄岳は703mの三島村最高峰。現在も活発に活動しており、山頂から噴煙をあげている。（令和4年12月現在立ち入り禁止）

●竹島＝周囲12.8km、面積4.2㎢、人口72人

　その名のとおり島全体をリュウキュウチク（大名竹）に覆われた、起伏の少ない平坦な島です。黒土の畑のほとんどには牧草が植えられ、緩やかな丘陵地に広がる一面の放牧場では、黒牛がのどかに草を食んでいます。海岸のほとんどが絶壁で、島を囲む海は透明度の高いマリンブルー。のぞき込むと極彩色の熱帯魚が群れ泳ぐ姿が見られ、釣りはもちろんのこと絶好のダ

イビングスポットが広がります。

オンボ崎＝海を隔てて硫黄岳がよく見える眺めのよい場所。遣唐使船が難破し、漂着した人々を弔った伝説のある岬。竹島西側へと伸びる岬で、鬼界カルデラと硫黄島を望める場所。潮通しのいい海岸は大物回遊魚の釣り場となっています。

ガジュマルの門＝地区内の道路を横切る、まるで門のようなガジュマルの大木。その鬱蒼と茂る姿はまるで神が宿っているような趣をただよわせる、島のシンボル的存在です。

籠港＝島の南側に位置し、しけの時の漁船の避難港として利用されています。切り立った断崖の景観は自然の造形美。夏になると湾内にキビナゴがたくさん入ってきます。

赤壁＝島の東端に位置する海岸線の露頭で、カルデラ噴火以前の噴火の痕跡が残っています。見事な赤色の断崖には、噴火開始から次第に鎮まっていく噴火の推移を読み取ることができます。赤壁のある一帯を「とし」と呼びます。

佐多浦放牧場＝緩やかで広々とした牧場。島の人口とほぼ同数の約80頭の牛が放し飼いによりのびのびと飼われています。

※牧場と名がついているが、現在、牛は放牧されておらず広い草地になっている。竹島最高峰のマゴメ山を望むことが出来る。とのパンフレットも。

大名竹＝島全体が大名竹(リュウキュウチク)に覆われた竹島。5月ごろ収穫される筍は、柔らかく風味にすぐれ、煮ても焼いてもその味わいは絶品です。

釣りスポット＝釣り人が多く訪れる竹島。港の近くでは、熱帯魚も多く観察できる。島民におすすめの釣りポイントを聞いてみるのも面白いかも。

第3章　鹿児島県の島と村

　3つの島それぞれに特色がありますが、ご自分の趣味に
合わせれば自ずと行きたい島は決まってきます。温泉好き
なら硫黄島、釣り好きなら竹島、絶景マニアなら黒島といっ
たところが私のアイディアですが、**パンフレット**には竹島
●島一周ウォーキング●竹島歴史の石巡り、硫黄島●サイ
クリング●トレッキング●歴史散策●ジャンベ体験（要予
約）、黒島●自然道散策（植物群落）●生物観察（昆虫・
野鳥）●オオウナギ観察●神社巡り●星空観察、となって
います。

　村営フェリーは通常便と日帰り片道便があるので、注意
が肝要です。また、鹿児島空港から硫黄島までは、予約制
の定期便もあるそうです。いずれにせよ、大して用事もな
く、また周囲からあまり期待されてもいないとお嘆きのシ
ニアなら、全部の島に渡ってのんびりゆったりと過ごすの
も良さそうです。本当のことを言えば、私も全島がびっし
りと丈の低い竹で覆われているという竹島を訪れてみたかっ
たのですが、船の連絡がまずくて断念したのでして、それ
ばかりは心残りでした。

155

十島村（鹿児島県鹿児島市名山町）
（としまむら）

北緯29度36分53秒　東経129度37分18秒
面積101㎢　村人738人　財政力指数0.07

　三島村役場の派手やかさと比べると、こちらはレンガ色のシックなたたずまいを見せるビルでした。いつものように役場看板をアップで撮ろうとすると、階段途中に横向きに付いているものだから、歩道に出たり、背伸びをして腕を伸ばしたりで大変でした。

　どうして村役場の看板を写真に収めるかというと、それをトリミングして本のカバーに使いたいからです。うまくデザインすればスマートなカバーになるはずで、頑張りましょう。

　十島村には有人島が7つ、無人島が5つとのことで、数が合わないと思うでしょうが、古くは日本書紀の頃から三島村を含めた有人十島を合わせて「じっとうそん」と呼ばれていたのです。それが戦争に負けて占領、日本復帰後に三

島村の三島と分離させられ、有人七島だけを「としまむら」と呼ぶようになったとか。

　位置としては、鹿児島市から北端の口之島までが204㎞、そこからがトカラ列島で、最南端の横当島まで160㎞の間に大小13の島が点在するといった具合です。

　ちなみに直線距離にしての160㎞は他に類がなく、「日本一長い村」とも言われているのです。

　役場職員に、3つくらいのおすすめをと、他でも聞いてきた質問をしたのですが、有人島が7つですからこれは無理難題だったかも知れません。それでもちゃんと答えてくれたのですが、こちらの方で予備知識がまったくない話がポンポンと飛び出してくるので、私の取材ノートは以下の如く支離滅裂なことになってしまいました。

　有人7　無人　各島1〜2時間　2日目あまみ大島
　七島めぐりツアー（1カ月）船内泊ガイド付き年2回
　抽選　倍率　春　秋はマラソン　各島でマラソン
　宝島で折り返し　100限定　抽選　食事用意大変
　5万ぐらい　ハード　北海道　フランス　知人
　エスプリ　小宝島は海がきれい　海沿いの温泉、星がきれい　使用中カンバン　脱衣所なし　風情
　中之島1000メートル級　車で近くまで、30分歩いて頂上
民宿予約→フェリー予約

　そんなわけで、パンフレットに沿って各島を紹介していきますが、今回は特に釣り好きな人のために釣り情報をできるだけいっぱい載せました。

十島村 情報

●口之島＝トカラ列島最北端、野生牛遊ぶ火山の島

口之島フリイ岳展望施設＝太平洋戦争敗戦後、フリイ岳以南が占領軍下におかれるなど、日本の歴史的にも重要な意味を持つ場所。晴れた日には屋久島や三島村などを一望できます。

野生牛＝日本でも唯一の純血種の黒毛和牛である野生牛が生息する地域です。燃岳付近の原生林では多くの野生牛を見かけます。また生息地に入る時は必ず柵を閉めてお入り下さい。野生牛はおとなしく臆病です。刺激を与えないようにして下さい。

タモトユリ＝口之島の固有種で、他の種類のユリと違い、花は天を向いて開花し、香が強い花です。名前の由来は平家の落人が種を着物の袂に入れて持ってきた説や球根を着物の袂に入れて持ち帰ったからとも言われています。

平瀬海水浴場＝西之浜漁港近くにある、自然海岸を利用した海水浴場で、特に夏場は家族連れなどでにぎわいます。潮の干満によっては魚と泳ぐこともできます。トイレ、シャワー施設など完備です。

【釣りポイント】

●赤瀬／セリイ岬東の瀬で磯伝いに渡れ、浅瀬で夜釣りもできます。●平瀬、丸瀬／セリイ岬西の平瀬は磯伝いで、丸瀬には、瀬渡し船で渡ります。●大立神、小立神／鎌倉岬の手前にある岩礁。口之島屈指のポイントです。●グノメ岬／「象の鼻」の

愛称で呼ばれる洞窟ポイントです。大物狙いの方におすすめです。

●中之島＝雄大な自然を抱くトカラ最大の島。

トカラウマ＝西洋種の影響を受けていない小型の在来種で、鹿児島県の天然記念物にも指定されています。明治30年ごろ喜界島から宝島に移入され、戦後になりトカラ馬と呼ばれるようになりました。現在、トカラ列島では、中之島と宝島で飼育されています。

御岳＝島の中北部に、そびえるトカラ列島最高峰の御岳（979m）は登山もでき「トカラ富士」の愛称にふさわしい美しい稜線の山です。

ヤルセ灯台＝シンニョム岳を背に、牧場の奥を進むと灯台はあります。牧場の柵を越え、しばらく歩くと、絶景の撮影ビューポイント。七ツ山海岸線と御岳や口之島が見渡せます。

中之島天文台（要予約）＝カセグレン式60センチ反射望遠鏡です。一度にたくさんの人が星を見ることができるモニターを装備しており、県内外からは天文マニアばかりではなく、多くの人々もやってきます。

【釣りポイント】

●草瀬／島の北東側にあるポイントです。徒歩でも行けますが、橋渡し船で渡った方がいいです。●高元崎、大木崎／東海岸中央北よりに、ラクダのこぶのように2つ並んだ瀬です。●セリ岬周辺／島の南端で特にヤルセ灯台下周辺は、好ポイントが集中しています。●平瀬／セリ岬南西沖に浮かぶ飛び瀬です。

●諏訪之瀬島＝自然の力と開拓者が織りなす島の力

場外離着陸場避難ターミナル＝令和3年版冊子には、32と大書

された滑走路の真ん中に女性が立っている写真が堂々と掲載されていますが、令和4年10月より、鹿児島と諏訪之瀬島間を結ぶ新しい交通アクセス手段の、航空路が開設されました。ともありますから、今は立ち入り禁止なのかな？

乙姫の洞窟と切石港＝フェリーとしま2が接岸する切石港を、右手に向かうと、山がぱっくりと口を開いたような洞窟が見えます。ここにはトカラ列島の島々に伝わる乙姫の伝説があります。また、ここは土がやわらかく崩れやすいので、気を付けてください。

マルバサツキ＝海岸から山頂付近までマルバサツキの大群落がみられ、低地では5～6月、標高400mを超える高地では、7月～8月にかけて乱れんばかりに咲き、一面ピンク色のお花畑と化します。

ナハ岬（潮見崎）＝海水浴場と言っても狭く険しい、人が一人程度降りられる道を下ると、目の前に砂浜と岩肌が見えてきます。この海岸は瀬溜まりでは小さな魚や貝類などの自然観察もでき、泳ぐこともできます。

【釣りポイント】

●とんだち岬・ドクロ瀬／島の北端のポイントで瀬渡し船で渡ります。ドクロ瀬は好ポイントですが、風が出ると危険です。必ず船を待機させたほうがいいです。●須崎／島の西海岸の中央に突き出た瀬で、瀬渡し船で渡ります。●切石港／春から夏にかけて、港に入ってくるトビウオを狙って巨大なロウニンアジがやってくる。イソマグロの日本記録も出ている大物釣りのメッカ、とはこの港か？

●平島＝平家伝説が残る歴史ロマンの島

甌穴（おうけつ）＝東之浜港沿いの海岸を、10分ほど歩くと海沿いに大きな瀬溜まりが見えてきます。この変わった瀬溜まりは、岩のくぼみに入っていた小石が、満潮時流れの速い潮によりぶつかることによって、くぼみの岩が徐々に割れ、やがて年月をかけてくぼみ広げ、割れた大きな岩のカドが徐々に取れ、丸くなったと言われています。

ガジュマルの巨木群＝集落のあちこちで見られるガジュマルは十島村全島でも多く見られますが、このガジュマルは樹齢が1000年を超えると言われています。これまでずっと平島の歴史を見守り、今もなお生き続ける強さと生命力を感じさせます。

平家の穴＝東之浜の海岸線沿いを約15分ほど歩いていくと、平家伝説ゆかりの史跡と言われる大きな洞窟があります。ここはかつて平家のの落人が、都からの追手を監視するため作った穴だと言われています。洞窟の上は崩れやすいので、特に雨の日などは注意してください。

大浦展望台＝集落手前の道路から、東之浜方面へ車を10分くらい走らせると放牧場の柵が見えてきます。その柵を越えると右手に広場が見えてきます。奥の方には展望台があり、晴れた日にはトカラ列島の全島を唯一見ることができるビューポイントです。なお、牧場の柵は必ず閉めてお入りください。

【釣りポイント】

●徳之瀬／東海岸、東之浜の南端に突き出しています。低い瀬なので波に注意が必要。●出瀬・南之浜港／島の南端で島の神様が祭られている所にあり船で渡ります。南之浜港はのんびりと堤防釣りで。

●悪石島＝神々の訪れる島。祈りが心の原動力

ボゼ祭り＝毎年旧暦7月16日に行われるボゼ祭りの前夜は、島の男衆による踊りが行われます。本番の明くる日は男衆による盆踊りが終わると、太鼓の合図で仮面神のボゼが現れます。赤土の付いたボゼマラと呼ばれる棒を持った来訪神であるボゼは、死霊臭がただよう盆から、人々を新たなる生の世界へ蘇らせる役目を負っています。

砂蒸し温泉＝キャンプ場の敷地内にある、地熱を利用した天然砂蒸し風呂です。かなり高温になるので、砂を上からかけるのではなく、砂場に毛布を敷いて横になります。身体の芯から温まり、血流が良くなることによって、健康ばかりでなく、美容効果も期待できます。（入浴料）無料。※この近くには露天風呂と海中温泉もあり、温泉はしごにはもってこい。

対馬丸慰霊碑＝昭和19年8月22日、沖縄の子どもたち700人と一般客1000人を乗せた疎開船「対馬丸」が悪石島沖でアメリカ軍潜水艦に撃沈されました。戦争で亡くなった多くの犠牲者の方々への供養と、戦争の残酷さを忘れないように、海が見渡せるこの地に慰霊碑が建てられました。その慰霊碑には、今も住民による献花が絶えることはありません。

【釣りポイント】

●ハヨームネ・ガンコツ周辺／島の北端にある三角に切り立った岩礁の一級ポイントで、瀬渡し船で渡ります。

●小宝島＝風化した奇岩がそそり立つ神秘的な小島

全景＝まるで妊婦さんが横たわっているようなこの島は、名前の通り"小宝に恵まれる"という伝説があります。右の小さな岩

山はうね神、左の大きな山は竹の山です。

外ばんや・ばんや＝城之前漁港近くにあるこの奇岩は、海からの風などによって、海岸側の山肌はくし状に風化しています。普段は、温かく穏やかな気候の島でも、一転すればこのような奇岩を作り出す、という自然の驚異です。

湯泊温泉（露天風呂）＝潮騒を聞きながら楽しめる海辺の開放的な混浴露天風呂です。コンクリートで固められた3つの湯溜めは、それぞれ温度が違います。手前が高温で2番目が適温、奥がぬるめです。お好みの湯船で。脱衣所、トイレはありません。トイレは、温泉センターをご利用ください。

赤立神海水浴場＝小宝島港を上って、右へ50m程行った所の「海水浴場」標識に従って行くと着きます。サンゴ岩でできた海水浴場には、砂浜はありませんが、透明度が高いので、シュノーケリングなどが楽しめます。

【釣りポイント】

●小島・中の門・沖の門／小島は小宝島の東海上に浮かぶ無人島です。小島への乗礁はできませんので船釣りになります。中の門・沖の門への渡礁は海が穏やかな日に。

●宝島＝宝島伝説に彩られた浪漫と景観の島

大籠海水浴場（キャンプ場）＝前籠漁港から車で5分ほど走らせると、入り江を利用した海水浴場が見えてきます。白い砂浜とエメラルドグリーンの海は、南国ムードがあふれていて気分も爽快。敷地内にはキャンプ場やトイレ・シャワー施設、炊事場も併設していて便利です。

イギリス坂＝前籠漁港から集落へ向かう途中の坂のことです。

文政7年（1824）イギリス船が宝島沖に現れ、数人のイギリス人が小舟で上陸、食用の肉を求めましたが断られ、逆恨みしたイギリス人が銃を乱射して牛3頭を強奪しました。その後藩庁から島に来ていた役人等が応戦し、イギリス人一人を射殺しました。その現場一帯はイギリス坂と呼ばれ、このことがきっかけで、翌年に「異国船打払令」が出されたといわれています。

観音堂と大鍾乳洞＝琉球石灰岩質の宝島にはたくさんの鍾乳洞があり、キャプテンキッドの財宝が隠されている伝説もあります。中でも、この「観音堂」と呼ばれる鍾乳洞がもっとも大きく、奥行きは400mとも500mとも言われ、かつて「トカラ新道」と呼ばれた信仰の島内最大の拝所になっています。

※トカラハブが生息しているので注意。もし噛まれたら、その箇所の上をハンカチなどでしばって、診療所で手当を。もし診療所が留守の場合は出張所にご連絡ください。

【釣りポイント】

●前籠漁港／港の桟橋、埠頭、防波堤で。特に春から夏にかけては、港に入ってくるトビウオを追って、大物が姿を現します。●大瀬崎／島の西北端。●荒木崎／島の南端●舞立／ヒラアジ、アラ釣りのポイントとして知られています。トカラ屈指の釣り場。

●臥蛇島（無人島）◇面積4.05㎢◇周囲11.66km◇動植物／リュウキュウチク群生。●小臥蛇島（無人島）◇面積0.37㎢◇周囲2.89km◇岩塔状の島。●小島（無人島）◇面積0.31㎢◇周囲2.31km◇。●上ノ根島（無人島）◇面積0.45㎢◇周囲3.76km◇動植物／広葉樹林、砂礫地。●横当島（無人島）◇面積2.75㎢◇周囲10.2km◇動植物／広葉樹林、砂礫地。

コラム

第3章　鹿児島県の島と村

◆ 卑弥呼の墓を探せ

　不知火海・八代海を左手に見て、宇土市を抜けていくと、急に熊本平野が広々と展開している様子が見てとれます。もう取材は終わったのだから、高速九州自動車道でフェリーが出る新門司まで直行してもよいのだけれど、わざわざ富合町に寄り道したのは、ここに卑弥呼の墓があると著書で発表したことがあるからです。

　「官能小説家だからこそ読み解けた魏志倭人伝18の謎　邪馬台国は熊本平野の○○」という長いタイトルの本ですが、この中で「邪馬台国は熊本県熊本市南区富合町廻江にあった」と断言してしまっているのです。その根拠は邪馬壹国の読みで、イェマーイーと読み解いて「江の前」、それがヤマトに滅ぼされて改名を強いられ「廻江」となったと推理したからです。

　そしてさらに有力な根拠としては、平戸に上陸した郡使一行が東南に500里歩いて伊都国（現大塔）にたどり着き、そこから東南に100里歩いて奴国（小野郷＝佐世保）、さらに東に100里歩いて不彌国（ひうみ）に達したと喝破しておいて、伊都国から廻江までが1300里でちょうど計算があうとしたのです。

　邪馬台国問題に興味のない人にはわからないでしょうが、いわゆる論者の間で江戸時代から続く論争に軽く終止符を打ってしまった形なのです。もちろんこの他にも魏志倭人伝の謎とされていた難題にも明確な答えが提示されていて、これがベストセラーにならないのは理解できません。もっともこの本は、編集方針として、私が官能小説を書く時のペンネームで出しているのでして、せっかく苦心惨憺して40年間も隠し通してきた

秘密がばれてしまうじゃないか。

　それはそうとして、卑弥呼の墓が富合町の緑川を望む小高い場所にあるはずだと確信している私ですから、これまで一度も使わなかった双眼鏡を取り出してじっくりと観察し始めました。するといかにもそれらしい小山があり、しかも裾部分が三角形のピラミッド型になっているのです。そこで意を決して登ることにしましたが、問題はうるさくまとわりついてくる蚊です。

　まだ山に入ってもいない内からわんさとたかってくるのですから、竹林の中にはどれほど待機しているかわかりません。そこでやはり今まで使う機会のなかった蚊除けネットをハンチングの上からすっぽりとかぶり、ジャンパーの裾を長くして肌を見せないようにして山に分け入って行きましたが、いやはやすさまじい勢いで群がってくるのです。こんな小さな竹林だけの山には、それこそタケノコ採りの人しか入らないのでしょうから、久しぶりに舞い込んできた生血の匂いに興奮したモスキートがびっしりとたかってきますが、どっこいこちらは無料で血を吸わせてあげるような寛容な心は持ち合わせてはいません。

　細かな編み目のネットは、体当たりをしたりたかったりする蚊の攻撃を完璧にシャットアウトしていて、本当にこれを持参してよかったと思いました。モンゴルのスイカ畑で活躍して以来の出番だったけど、視界が悪くなるほどまとわりつく蚊の群れに向かって、私は秘かに「ざまあみろ」と毒づいたのでありました。

　不自然にピラミッド型だと思って登った小山は、途中から普通の丘になり、いくつか連続した峰の先にあった頂上には、それこそ不自然に大きな岩が！

第3章　鹿児島県の島と村

　びっしょりかいた汗が全部引いていくような怖気に襲われた私は、記者会見で言うべき言葉を考えながら大岩に近づいていきましたが、それは朽ち果てた大木の切り株だったのです。

　もうがっかりして、注意力も散漫、散り敷かれた竹の葉っぱに足を取られながらも、それでも竹や立木に掴まりながら慎重に山を下って行きましたが、下の道が見えた途端に浮き足立ってしまい、物の見事に滑落してしまいました。

　粘土質の山肌にスベリやすい竹の葉っぱが敷かれているのですから、あおのけにひっくり返った身体は止まりません。どんな体勢で滑っているのかもわからないなりに、今までの一生が瞬時に想起されないから命の危険でもないなと考えるなぞ、私はおかしいですか。

　後から考えると、ほぼ10メートルほどを一気に滑落した私は、太い木に背中をしたたかにぶつけて停止、しばらくは動くこともできませんでした。しばらくしてから、まず指先を動かし、頭を動かし、そして足を動かしてからようやく起き上がり、車の所まで戻りました。

　風邪を引きそうなまでに肌着が濡れているので、とりあえずシャツを取り替えましたが、なんだか右足のすねが疼くのです。ジーパンをまくり上げてみると、なんと膝下から足首の辺りまでが擦りむけて真っ赤になっています。静脈側だから血が滲んでいる程度ですが、ただの擦り傷とも思えないので、車内にあったペットボトルの水で洗い流しておいて役所で聞いた整形外科医に行きました。

　一通りの手当をした医者は、翌日も病院に行って包帯を変えるようにとのたまうので、その通りにしましたが、実は家に帰っ

167

てから通うことになった整形外科医では大変なことを告げられました。

　擦り傷の上を黒い皮膜が覆っているのですが、それはかさぶたではなくて、皮膚が壊死しているからだと言うのです。骨なら壊疽であって、かの「日本の喜劇王・エノケン」が足を切断した病気だから冗談じゃありません。それほどの重病だとは考えてもいなかった私は、改めて滑落の怖さを思い出したのですが、それでも目や喉などを突かなくてよかったとは、どこまで楽天家なのでありましょうか。

　そして最初の病院でもここでもレントゲンを撮ったのですが、骨の密度が見事に揃っていて、やはり子ども時代の粗食が今頃になって役立ったなあと感慨しきりの滑落体験だったのでした。

　実を言えば、富合町周辺でも向野田古墳とか沈目遺跡とか、これは？と思われるような遺跡が発掘されているのですが、邪馬台国論者はまったくノーマークなのでこれまで注目されてきませんでした。そんな関係者に話を伺い、歴史民俗資料館などでも調査してみたいと考えていたのですが、右足を引きずるような大怪我ではそれも叶わず、断腸の思いで北に向かいました。

　今夜の泊まりは、道の駅桃山天下市で、どうしてこんな名前が付いているのかは近くに行ってからわかりました。T字路の交差点名が「伊達政宗陣地跡」と出たのを皮切りに、それからは加藤清正だ、福島正則だ、前田利家だと戦国武将のオンパレード。それもそのはず、ここはかの秀吉が朝鮮出兵の最前線にした名護屋城跡だったのです。

　石積みの城壁も残っていますが、各地にある大名の城とは違って、いかにもそこら辺から大きな石をかき集めて急ごしらえで積み上げた感が丸見えで、最初から無謀すぎる思いつきだった

のでしょう。

　翌日はやはり邪馬台国がらみで、志賀島を目指しました。有名な金印が発見された場所で、ぜひとも自分の目でその島を見てみたかったのです。

　ちなみに邪馬台国論者のほとんど全てが最初の上陸地点を間違って解釈するのは、この近くの糸島市一帯がかつて委奴国と呼ばれていたから、魏志倭人伝に書かれた伊都国がそれだと盲信するからで、私はこの現象を秘かに「委奴の縛り」と呼んでほくそ笑んでいます。

　それはそうとして、現実に志賀島に渡るのはスリリングで、途中の細長い砂州を走っていくと、玄界灘からは青黒い波が押し寄せ、博多湾からも青い波が強い風と一緒に砂を巻き込んで吹き付けるという、なんだか怖いような不思議な光景が広がってました。

　可愛らしい志賀島を一周するまでもなく、金印が発見された場所にある金印公園を訪れ、金色に光り輝くレプリカを見ましたが、あまりの小ささにびっくり。教科書などに載っている写真は割とビッグに写っていて、実物もずっしりと大きな物だろうと勝手に想像していましたから、落胆も小さくはなかったのです。

　そこでも版面を「かんのなのわのこくおう」と読ませていましたが、そのまま素直に「かんのいとこくおう」と読んだ方がすっきりすると思います。まあ、どっちでもいいのですが。

　ここまで、いわゆる邪馬台国の謎に少しばかり触れましたが、本の中では18の謎の全部に明確な答えを出しています。従来の学説・珍説を根底からひっくり返していますので、興味のある人はお読みください。

フェリーで帰りましょう

　大正ロマン風な雰囲気が色濃く残っている門司を堪能した私は、新門司から横須賀行きのフェリーに乗りました。この新造フェリーの速いこと速いこと、まるで海の上を滑るみたいに快適に走ります。

　さすが新たに投入されただけあって、レストランまで営業していますが、嬉しいのはコインランドリーがいっぱいあることでした。私は車内に洗濯物を残してきていて、取りに戻ることもできずに家まで持ち帰りましたが、これから利用する人はどうぞ活用してください。

　船は快適ですが、足の怪我がジンジン痛むし、かと思えば不快なほどにむくんだりで大変でした。

　大変といえば、最後にひとつだけ残った「すうどんでっせ」を食べるときも一騒動があって、なんと熱湯を注いだ途端に底からこぼれてしまうではないですか。ずいぶんとあちこち連れ回し、一緒のバッグに入れておいた工具がばらけてしまったりで底に穴が開いてしまったのでしょう。本来ならば半生状態で食べられたものではないのですが、それではあまりにも勿体ないので、私は数回にわたってお湯を注いではこぼれるにまかせて、最終的に醤油味焼きうどん風にして美味しくいただきました。それがどうしたといわれても困るのですが、とにかく持参した食材はお米以外は全部費消したわけで、無駄が出なくてよかったです。

　新門司＝横須賀間の東京九州フェリーは速い割に料金も安いので、これから利用する人が増えるのではないでしょ

うか。

　東京から新門司に行くフェリーのもうひとつが四国に渡るのに利用したオーシャン東九フェリーで、こちらは歴史を感じさせるほどのオールドタイプ。レストランもコインランドリーもないけれど、九州まで2日間かけてのんびりしたいという人には最適です。もちろん四国に用事のある人は、これでなければ渡れません。高速道路でひとっ走りというのもありだけど、運転手が何人かいて、交代でワイワイ騒ぎながらじゃないと無理かも知れません。

　ついでに四国から九州へ、またはその反対のフェリーもあって、それが八幡浜から臼杵を結ぶ九四オレンジフェリー便と、佐多岬先端の三崎から佐賀関をつなぐ国道九四フェリーです。オレンジフェリーはそれぞれの湾深くから出るのに対して、国道九四フェリーはその北側にある半島の突端同士をつないでいるだけの違いで、少し余分にドライブするだけで料金がかなり安くなるのです。

　本当は四国から九州に渡るのに、西瀬戸自動車道を使っての陸上ルートも真剣に検討してはいたのです。広島で平和について考えたかったし、平清盛ゆかりの安芸の宮島も取材したかったからですが、やっぱり時間と労力とを考えて断念しました。

　というわけで、無事に横須賀から立川まで帰り着いた私は、それからの毎日を病院通いで過ごすことになりましたとさ。

コラム

◆ K・克蔵クンのこと

　九州最後の夜を宗像市のホテルで過ごすことになったのは、この町で高校時代の同級生が事業を営んでいるからです。まるで時代劇にでも出てきそうな名前のk・克蔵クンは、金属加工業で大成功した立志伝的人物で、今でもチャンスがあれば事業規模を拡大したいと考えているほどの進取の気分に満ちあふれていて、つい最近も広大な工場建設用の土地が取得できる話があったのです。取締役の彼は大いに乗り気で、社長以下の全従業員に諮ったところ、全員から猛反対されてしまい、この壮大な計画は泡と消えてしまいました。そのせいで食欲もなくなって、しばらくは何も食べられなかったとも言ってましたが、私の見るところ、タバコの吸いすぎじゃないかと思います。なにしろスリムな外国タバコをスパスパと、ほぼひっきりなしに吸っているのだから身体に良いわけもなく、タバコのやめ方を教えてはきましたが、彼は今でも身体からヤニが出るほどのヘビースモーカーのままでしょうか。

　そんなことはどうでもよいのですが、特筆すべきことは、私が生まれて初めて食したノドグロの美味しさです。上品な白身魚でありながら、脂がのって美味なるノドグロは、世間がもてはやすはずだと大いに納得したのでした。

　ホテルでチェックイン後、近くのお店で歓待してくれるという克蔵クンの好意に甘える形で、私は福岡の屋台を見たいのだとおねだりしました。ここへ来る途中でチラリと見た福岡市の都会ぶりも見たかったし、何よりも有名な博多の屋台通りの雰囲気も体で感じてみたかったのです。

第3章　鹿児島県の島と村

　かねてご報告のとおり、私は禁酒を継続中ですから、行きは克蔵クン、帰りは私の運転ということで夜の博多にすべり込みました。

　屋台村はにぎわっていましたが、素面で散策してもしらけるばかりで面白いはずもなく、ああ、こんなものなのかという印象でした。

　それから自腹では入れないほどの高級料理店に連れて行ってもらい、ノドグロを食して、そのあまりの美味しさに感嘆の声を漏らすのも忘れて一気に食べてしまったという一席でした。

　現地で大成功した克蔵クンは、取締役の今でも高給取りで、ゴルフだ美食だと使っても使い切れずにたまる一方だと困っているのですが、お金があればあったで悩みは尽きないのですねえ。それにしても一生に一度くらいは、金が使い切れないぞ、なんて苦労をしてみたいものです。

　これで今回の四国九州取材旅行は終了なのですが、沖縄取材の時に、鹿児島県に所属するふたつの村を調べているので、その宇検村と大和村を最後に挿入します。一筆書きみたいな風にはならないけれど、地域別に日本の村を知るにはこの方がよいでしょうから。

173

鹿児島県大島郡宇検村(うけんそん)

北緯28度16分51秒　東経129度17分50秒
面積103km²　村人1571人　財政力指数0.09

　かねて予約しておいたフェリーで、奄美大島に向かいます。鹿児島からも行けるのですが、距離的に近いので沖縄からの便を選んだところ、途中でいくつか島に寄り道する分だけ時間がかかり、料金も時間もたいして違わないことがあとでわかりました。その代わりにいくつもの島の外観だけでも観察できるので、損得だけで言ったら得でしょうか。

　最初に寄るのが**与論島**で、波に浸食されて今にも折れそうなキノコ岩が林立し、湘南海岸ほどには遠浅ではない白浜がきれいな白波に洗われています。無粋なコンクリ波止場には、黒牛さんがギュウ詰めになったケージが7つほどあって、手際よく船に積まれていきます。パッセンジャーも牛さん達も乗り終えれば出港ですが、それにしてもきれいな海で、ゆっくり滞在できればたのしい島でしょうね。

第3章　鹿児島県の島と村

　次が**沖永良部島**で、**花と鍾乳洞の島**との謳い文句がある
ものの、船のデッキから眺めただけではわかりません。こ
こでも百頭近い牛さんが載せられたのですが、彼らは私の
居場所のすぐ前に高く積まれたものだから、生産者の名前
と個体番号が耳につけられた顔が1メートルほどの距離に
あってびっくり。

　いずれもまだ仔牛らしくて、角も短くてつぶらな瞳が可
愛らしいのですが、そんな眼で訴えられても私には何もで
きないよ。ひとつ隣のケージがやけに騒がしいのは、一頭
だけ自主的に種付け行動におよんでいるのがいるからで、
どうやら牛にも早熟なやつがいるらしいですね。

　闘牛と景観の島、徳之島までくると、ここの海もさすが
にきれいなのですが、同じような島が続くのでいくらか飽
きてきました。それでも私の地元にある女子体育大学に、
徳之島出身の女の子が寄宿していたことなどが思い出され
て懐かしい感じを誘われます。

　陽もとっぷりと暮れた名瀬に着き、自転車で宿に向かう
も、最初は反対の方向に行ってしまって人失敗。だって初
めての訪問客に「にぎやかな通りを目差して来て」などと
説明すれば、埠頭から見て灯りがいっぱい見える右に行っ
てしまうでしょうが、なんて土地の人にしかわからない不
満を言ってもしょうがないけれど、ともかく今夜の宿であ
る「パンダのやど」には着きました。

　那覇と同じような造りのドミトリー二段ベッドが並んで
いますが、新築で設備も整っている分だけ料金も高いので
す。シャワーもトイレも快適で、きれいなシーツと布団、

175

それにカバーの付いた枕まで揃っているのだけれど、私が苦労して持参した枕を使ったわけは、慣れないやつでは首を寝違えてしまうから。

　翌朝になってからしまバス本社に行くと、朝一番のバスは出てしまったので、あらためて検討に入ります。ここには宇検村と大和村のふたつの村があるから、どちらかにバスで行き、そこから海沿いの道を自転車で走破するプランを立てたのですが、この計画はバス会社の人に一笑に付されてしまいました。それでも腑に落ちないままに宇検村行きのバスの人となり、走ってすぐに自転車プランの無謀さに気づいたのです。

　奄美大島の道はアップダウンが激しく、いっぱいあるトンネルは暗くて曲がりくねり、とても危なくて走れたものではないのです。だから宇検村まで行ったらバスで引き返す第2案に変更、とりあえず村役場に行くと昼休みでした。

　女子職員と一緒にお弁当を食べながら色々と話を聞くと、職員のほとんどが地元であり、みんなが家に帰ってのんびりとお昼ご飯を食べるというので、異常に職員の少ない理由が得心された次第です。またその内のひとりが牛飼い農家に嫁ぎ、仔牛の内に出荷して、各地のブランド名をつけられて大きくなるなんて話しも聞いて、フェリーでの情景が改めて納得されました。

176

第3章　鹿児島県の島と村

宇検村 情報

「この村にはディズニーランドのようなアトラクションはありません。だけど探せばかならずあったかいハートが見つかります。村の人から風景からたべものから　あなたから探してみてください。

うけんを楽しむ7つのルール／**1 あいさつ**、村の方に『こんにちは』の挨拶を。※びっくりさせない様にゆっくりと。／**2 さつえい**、ちゃんとことわってからカメラを向けよう。／**3 ゴミもの**、出たゴミは拾って、落ちてたゴミも拾って。／**4 うんてん**、スピードは出さずによーりよーりのんびりくらりと。／**5 しぜんに**、村には、貴重な動植物がたくさんいます。やさしく話しかけて、むやみに触れずに。／**6 ゆとりを**、うけん村ではお店の営業時間の変更があったり、急な対応ができないことがあるので、ゆとりある心でいこう。／**7 ハートを**、村の方の♥に触れることができたならあなたからも♥をかえして触れあおう。」

　パンフにある宇検村は、霊峰湯湾岳を望み、きれいな星空が見られる自然豊かな場所と見ました。

　同じパンフには宇検村の集落が載っていましたので、ルビなしでどれだけ読むことができるか、クイズ代わりに書き出してみました。

　宇検、久志、生勝、芦検、田検、石良、湯湾、須古、部連、名柄、佐念、平田、阿室、屋鈍、枝手久島。

　それではここで、それぞれの読み方を出しながら集落の特徴を述べてみます。

177

宇検 村人105人・へいきん53歳

「菜の花弁当は集落の台所」ニコニコ笑顔がまぶしい菜の花弁当のるり子姉は、集落の方が持ち寄った食材を利用してお惣菜を作り、集落の方へ販売している。

こういうサービスも高齢者が多いこの地域ならでは。自分が作った野菜がさらに美味しく食べられるのだからもちろん大好評。釣りイカダや、大潮の限られた日だけ海中から顔を出す奇跡のサンゴのテーブル、マイクロアトールに行く際は、るり子姉のおいしいお弁当を買ってゆっくりする旅もおすすめ。

久志 43人・へいきん49歳

「伝説の多い島」久志集落はノロの伝説が伝えられ、気高いノロ神がいたと言われている。トネヤ跡地の近くにある力石は、15歳になった男子の証として持ち上げるのが豊年祭の恒例だったようだ。女子に男らしさをアピールするならぜひ、力石の持ち上げにチャレンジしてみよう。

また、ケンムンの目撃談も多く、カノエサル（庚申）の日にはケンムンがよく出没すると言われている。

生勝 65人・へいきん53歳

「告白するならこの場所で」穏やかな焼内湾を望むこの場所は絶好の告白スポット。邪魔するものは何もありません。沈む夕日を眺めながらつのる思いを打ち明けて下さい。きっと願いが叶うはずですよ。

また、近くにある守山神社は集落を見守るように高台に建てられ、枝手久島や東シナ海を一望できる。週に三日だけやってく

第3章　鹿児島県の島と村

るという移動式販売車「ママさん号」は商店のない生勝集落の方にとってはとてもありがたい存在である。

芦検（あしけん）　276人・へいきん54歳

「おばあちゃんコンシェルジュに会いに行こう！」 芦検集落にある土俵周りには、いつも多くのおばちゃん達が集まる。にっこり笑顔で迎えてくれるおばちゃん達は集落の情報をこっそりと教えてくれる。

　芦検集落にはやたらとシーサーが多いのだが、これは誰かがお土産で買ってきたら意外と好評で、みんな真似して買ってきたのだとか。シーサーが向かいあって置かれているのも素朴でなんだか良い。また、峰田山公園は海に沈む夕日が眺められる絶景スポットで茜色に染まる焼内湾を高台から見下ろすことができる。

田検（たけん）　164人・へいきん48歳

「ずっと待っていたくなるバス停」 バスが数時間に一本しか通らないのだけど、ずっと待っていたくなるバス停があるのが田検集落だ。バス停の隣には立派なガジュマルの木がそびえ立ち、まるでトトロが出てきそうな雰囲気。時には無人販売所で新鮮な野菜も並ぶことがあるのだとか。

　また、田検集落に流れるとどろき川は奄美で一番綺麗な川と言われている。

石良（いしら）　104人・へいきん58歳

「宇検村の入り口に佇む神秘の森」 石良集落には、湯湾岳から流れる豊富な水源と深い山々が存在している。アランガチの滝は暑い夏でも爽やかな風が流れる場所で緑の木々の合間から流

179

れ落ちる水しぶきは圧巻だ。滝壺の横から流れる用水路も趣があってこれまた良い。

奄美の妖怪「ケンムン」が棲むと言われる立派なガジュマルの木も近くにあり、奄美の大自然のエネルギーを感じられるスポットが点在している。

湯湾（ゆわん）　513人・へいきん51歳

「今日からあなたもラジオデビュー」 宇検村の中でも最も人口が多い湯湾集落。行政や病院などが集まる湯湾集落は、まさに村の街だ。橋が多い湯湾集落には変わった橋も多く、伯国橋（ブラジル橋）という名前の橋や、川を越えるグラウンドゴルフ場なんてのもある。

村の情報発信所「エフエムうけん」では事前に連絡をしておくと誰でもラジオ放送に出演できるのだとか！あなたもラジオデビューしてみませんか？

須古（すこ）　218人・へいきん56歳

「グイクシュさんは忍術使いだった」「大の男が2〜3人がかりでやっと持ち上げる大瓶を、一投げで須古から枝手久島までほうり投げた」「海の上を歩いて阿室まで行った」など、須古集落に住んでいたとされるグイクシュさんにまつわる伝説は今でも多く語り継がれている。

薩摩藩とのつながりもあった須古集落には薩摩藩の役人の墓が山奥にあり、墓の背後にある大きな松は村指定の天然記念物に指定されている。

部連（ぶれん）　29人・へいきん72歳

「集落の半数は80才代?!」週末の昼下がり、部連集落のゲー

第3章　鹿児島県の島と村

トボール場からは「コン！コンッ！」というゲートボールの球があたる音と活気のある声が聞こえてくる。「これがみんなで集まる唯一の楽しみだからね！」と元気なおじいちゃんが教えてくれた。試合時間はきっかり25分。スコアだってちゃんと付けていて村内大会で優勝した実績もあるのだとか。

　週に3回、名瀬から移動式スーパー「ママさん号」がやってくるため、試合が一時中断する一幕もあった。

名柄（ながら）　120人・へいきん54歳

「闇夜を照らす光のダンス」初夏にもなると名柄集落の近辺ではホタルの乱舞が見られる。ヒラヒラと舞い上がり闇夜を照らすその光は、山が踊っているかのよう。光のダンスに酔いしれ、静かな夜を過ごしてみてはいかが。ただし、夜道はハブにもご注意を。

　名柄集落には、はかない恋に生きた「カンヅメ物語」が語り継がれ久慈へ向かう峠にはカンヅメの碑が建てられている。

佐念（さねん）　36人・へいきん59歳

「ブランコは健康器具」ガジュマルの木に取り付けられた、たたみ一畳ほどもある大きなブランコは一人で漕ぐのは困難で誰かに押してもらうのがちょうど良い。木漏れ日に照らされ、海から吹く心地よい風に身をまかせゆっくり休憩できるその場所は、時が止まっているかのような感覚を味わえる。

　また、水が豊富な集落で、自然のわき水が勢いよく流れている。

平田（へだ）　110人・へいきん56歳

「なんだかホッとする場所」明るくひらけた平田集落に到着するとなぜだか心が温まる気がする。海岸沿いには立派なディゴ

181

の木が並び、まるで私たちを歓迎しているかのよう。集落内の商店はパンが入荷するとマイク放送で『パン入荷のお知らせ』をするのだとか。発泡スチロールで作られた商店内の商品価格表示システムも面白い。

　ディゴ並木前に広がる青い海を眺めながらゆっくりしてみてはいかが。

阿室（あむろ）　71人・へいきん46歳

「現代に受け継がれるシバサシ」昔ながらの「シバサシ」が今でもしっかりと受け継がれているのが阿室集落だ。　旧暦八月初壬（みずのえ）の日に、迎え火の煙で先祖霊を呼び寄せ、神衣（カミギン）や御神酒などを供えシバサシの神様を祀る。また、精霊殿と呼ばれる共同墓地には広いスペースが設けられ、集落の人々が集まり八月踊りでご先祖を供養する行事も行われる。

屋鈍（やどん）　62人・へいきん55歳

「奄美で一番星空を大切にしている場所」宇検村の最西端の屋鈍集落は、夏の時期には、街灯などの照明にカバーをして星空を見やすいように住民が工夫して、奄美で一番星空を大切にしている場所。浜に打ち寄せる波の音と山々から聞こえる大自然の息吹に身をゆだね、満天の星空をぜひ楽しんで欲しい。日々の生活で溜まっていた何かを取り除いてくれる、そんな風景に出会えるはず。

　また、集落近くの海岸には三日月石と呼ばれる石があり御神酒を捧げてお祈りをすると小宝に恵まれると言われている。

第3章　鹿児島県の島と村

　以上が小冊子から抜き書きした宇検村にある集落の全体像ですが、人口とへいきん年齢の他にも、絵のサインが併記してあります。ガソリンスタンドとかATMとかわかりやすい表示に混じって、旧式の乳母車からハートがあふれているサインは何を表しているのでしょうか。そして数少ないサインがまったく付いていない集落が生勝、部連、佐念の3カ所で、本当に自然しかない集落なのかも知れません。

　このパンフレットをもらったのが数年前ですから、当然ながら平均年齢はアベレージが上がっているでしょうし、人口にも変化があるのでしょう。それでも幸せ指数からすると、そんなに低い数字ではないのかも知れず、地域の高齢化現象はそちらの方面から捉え直した方がよいのかも知れませんね。

183

鹿児島県大島郡大和村(やまとそん)
北緯28度21分29秒　東経129度23分43秒
面積88㎢　村人1344人　財政力指数0.09

　ものはついで、もうひとつの大和村の難読集落名もあげてみましょう。
　国直、湯湾釜、津名久、思勝、大和浜、大棚、大金久、戸円、名音、志戸勘、今里。
　宇検村から帰り、名瀬郵便局前で大和村行きの最終バスを待っていた時、大型で豪華な観光バスが2分も早く来ました。行き先表示にも大和村がなかったので乗り過ごしてしまったのですが、後から考えるとそれは大和村への直行バスで、あまりにも路線バスらしからぬ豪華さに目がくらんで痛恨のミスを犯してしまったが故に、せっかく奄美大島を訪れながら、ふたつの内のひとつを取りこぼしてしまったのでした。でもそれほどまでに悔しくはないのは、九州取材の折にはもう一度チャンスがあるからで、その分ゆっ

第3章 鹿児島県の島と村

くりできて体力も回復したことだしと、自分で自分を慰めた私だったのです。

後日、村役場から送ってもらったパンフレット類の中に宇検村と同じような作りの小冊子があるので、それを参考にして村紹介をしていきます。

大和村を楽しむための5つの心得

其の1　挨拶はしっかりと。集落民に出会ったら、驚かせないようにゆっくりと「ウガミンショウウラン＝こんにちは」と声をかけましょう。田舎でもプライベートはあります。写真を撮る時もしっかりと挨拶をしましょう。

其の2　ゴミはゴミ箱に。ゴミはきちんと持ち帰りましょう。落ちてたゴミも持ち帰ってくれる、あなたの気持ちが奄美群島の豊かな自然を守ります。

其の3　どこでも安全運転。ゆっくり時間が流れる奄美大島では、心に余裕をもちスピードを出さずゆっくり安全運転を心がけてください。特に集落内は、よ〜りよ〜り（ゆっくり）運転しください。

其の4　いつもニコニコ現金払い。大和村の商店では、カード決済ができません。お買い物をするときもガソリンを入れるときも現金払いでお願いします。また、集落の行事などで急なお休みになることもあるので、目的のお店・施設へ事前に確認しましょう。ATMは名音郵便局と大和郵便局（思勝）に設置しています。

其の5　別れ際に「アリガッサマアリョウタ」。優しさに触れたとき、会話をしたとき、どんなときでも「アリガッサマアリョ

185

ウタ（ありがとうございます）」でお別れしましょう。

国直_{くになお}　人口：106人　世帯数：62

　集落内でまず驚いたのは、家々を取り囲むように植えられ大きく育ったフクギの並木。海からの強い風雨から家々を守り、火災時の延焼を防ぐ為に数十年も前に植えられたものが今でも残っているのだという。国直海岸は奄美でも有名なウミガメの産卵スポットで、5月〜7月の産卵時期になると、集落全体でウミガメを見守ること。

　日が暮れ始めると誰が合図したわけでもなく、集落から人が海岸に集まりだし、沈む夕日を見届けながら同じ時を過ごす。聞こえるのは、波の音と、鳥の鳴き声と、人の笑う声だけ。奄美の自然をゆっくりと感じる贅沢。大切にしたい時間が国直集落には溢れていた。

湯湾釜_{ゆわんがま}　人口：92人　世帯数：46

　道沿いにポツンと可愛らしい無人販売所があり、ここが湯湾釜集落の目印だ。棚いっぱいの色とりどりの野菜たち、フル（ニンニクの葉）やアオサ、時には果物が並ぶこともあるのだとか。いびつな形だったり、小さかったり大きすぎたり、ちょっとたくさん詰め過ぎていたり、作る人の人柄までなんだかわかるようで見ていて面白い。

　実はこの集落、奄美でもここでしか見ることができない「ムチモレ踊り」という踊りがある。集落が大火事に見舞われたとき、水利が悪く田んぼの泥を投げて火を消したという言い伝えがあり、踊りの際には田んぼの泥に由来する「カシャ餅」が配られることからムチモレという名前になっていると言われている。

第3章　鹿児島県の島と村

津名久（つなぐ）　人口：134人　世帯数：82

かつてここは交易が盛んなシマで、遣唐使の乗る船が奄美に来た際に船をつなぐ場所だったことから「津名久」と呼ばれるようになったと言われている。

近頃では「船のエンジン音を覚え、人に懐いているウミガメがいるんだよ」と集落の人が教えてくれた。実際に港に行くと、観光客の手からエサを食べるウミガメの姿。今では満潮時に海の中から顔を出してくるというのだ。海を見渡せばどこまでも広く青く、人に出会えば「こんにちは」と優しい笑顔で挨拶をくれる、自然を愛しみ、訪れる人の心を癒やす場所だ。

思勝（おんがち）　人口：132人　世帯数：71

東シナ海に面する大和村で唯一、海に面していない集落で、サトウキビ栽培発祥の地と言われている。

川智翁伝説＝これは、大和村に伝わる今から400年余り前の**直川智（すなおかわち）**翁と三本のキビのお話しです。

大和村大和浜の農家に生まれた川智は、農業に熱心な人でした。江戸時代の初頭、川智は琉球へ渡航中に台風にあい、中国へ漂着、九死に一生を得ました。帰郷する機会を待つ間、川智は農作業の手伝いをして日々を過ごしました。

そこで初めて口にした食べ物の一つに黒糖がありました。当時日本では、砂糖はもっぱら中国からの輸入品で、薬として利用されるほど貴重なもの、そのため製糖技術を国外に持ち出すことは禁止されていました。

しかし川智は、内密にサトウキビ栽培の方法とサトウキビの

しぼり汁から黒糖を作る技術を習得しようと決意、川智はこれまで以上に懸命に働きました。

数年がたち、琉球行きの船に乗せてもらえる事になった川智は柳行李の底を二重にして、そこにひっそりと三本のキビの苗を忍ばせていたのは、黒糖が奄美を豊かにすると信じていたからです。

命がけの渡航を終え、三本の苗とともに故郷にたどり着いた川智は、これを人目につかない畑に植えました。奄美の気候が合うことや川智の熱心な世話により、サトウキビはぐんぐんと成長し、年々畑は広がっていきました。

奄美でのサトウキビ栽培、製糖産業の躍進を確信した川智は、子孫代々まで糖業を家業とし、世に伝授するように伝えたとされています。こうして川智翁はひらとみ神社に御祭神として祀られることになり、今でも製糖に関わる多くの人が訪れる場所になっています。

大和浜（やまとはま）　人口：244人　世帯数：132

大和浜集落の人々が神山として崇めている「滝川山（たきのこやま）」には、珍しいオキナワウラジロガシが群生している。板根と呼ばれる板のような大きな根を張り、天に向かって高くそびえ、大きく手を広げたその姿は「集落を守っているみたい」。古くから人々は斜面や山からの恵みの水を守るため、大きな木を切らないように保全してきた。そのおかげで今では国指定天然記念物オキナワウラジロガシ林となり地を固め、土砂崩れなどの災害から集落を守っているといわれている。

また、この集落には高倉が集まった「群倉（ぼれぐら）」と呼ばれる場所が残されている。高倉は主に穀物を貯蔵するための倉庫で、風

第3章　鹿児島県の島と村

通しがよく貯蔵物の保管に適し、ネズミの害を防ぐ為に足掛かりをなくすなど趣向を凝らした建物だ。火事の災害を避ける爲に、民家から離れて建てられ川の近くや田畑の近くでかつてはたくさん見られたようだ。

大棚（おおだな）　人口：249人　世帯数：148

　昔ながらの細く曲がりくねった道が多く、まるで迷路のような大棚集落。奄美では「魔物は真っ直ぐしか進むことができない」と言われていて、その面影を現代に残している。

　ここに文房具、金物、食品に釣り具など生活に必要なものが全て揃う創立百周年を迎えた「株式会社大棚商店」がある。店内はレトロな空気感が漂い、和気あいあいとはしゃぐ元気なおばぁちゃんたち。

　お年寄りを大切にするように、ここでは先輩方が大切に受け継いできた文化や伝統を途絶えさせないようにしている。それが八月踊り保存会だ。今では豊年祭りの際には百名を超える老若男女が集まり祭りを盛り上げるほどになっている。

大金久（おおがねく）　人口：86人　世帯数：51

　夏の船漕ぎ競争に使われている「アイノコ舟」の発祥の地が、ここ大金久だ。かつて、奄美地方では安定性が高い反面、速度がなかなか出ない板付け舟が主流だった。一方、沖縄では速度が出る反面、安定性が悪い「サバニ」という舟が主流だった。その当時、大金久に住んでいた船大工がこの両者の良いところだけを取り入れて生み出した舟が「アイノコ」として世に誕生した。

　地域の交流の場「寄らわん場」には、夕暮れになると人が集

189

まりだしてナンコ遊びが始まる。ナンコとは2名がお互いに三本のナンコ珠（約10㎝の木の棒）を後ろ手に隠し、片手に何本か持って出し合い、2人がもっているナンコ珠の合計を当て合う遊び。

戸円（とえん）　人口：114人　世帯数：97

こんもりとした山々、なびいたまま時が止まってしまったかのような木々。家の塀は屋根にまで届きそうなくらい高く、集落の人の話すボリュームは少し大きめ、そんな戸円集落は四季折々の風を感じられる場所。

秋の戸円集落は夕日のスポットとしても有名で、海岸から鋭く突き出した岩に太陽がかかり、ローソクの灯りがともったような幻想的な景色を見ることができる。さらに、太陽が沈んだ後には満天の星が空に輝き、天の川が視界に収まりきれないくらいに広がる。

名音（なおん）　人口：184人　世帯数：108

集落を一望できる高台にある「テラ」と呼ばれる場所は、ノロの祭祀「ガンノーシ・ガンダテ（願直し・願立て）」が行われる神聖な丘。集落の無事と豊作を願って前年に立てた願を感謝の気持ちを込めて解き、さらに一年の安全と豊穣を願って願を立てる儀式で、毎年旧暦9月9日に行われる。

また豊年祭もこの場所から始まり、青年団の代表が集落に向かって「スモー・スモー・スモー」と叫んだら祭りの始まりの合図となる。

志戸勘（しどかん）　人口：7人　世帯数：6

大和村11集落の中で、一番小さな志戸勘集落。

潮が引けば漁に出て、果実が実れば収穫する。自然に寄り添い、恵みをいただく暮らし。手を取り合い、助け合いながら生きる暮らし。当たり前のようで、なかなか出来ないこと。ここには、私たちが忘れかけている大切な暮らし方がある。

冬場の志戸勘海岸で、大潮の干潮時には、沖合のリーフで「イザリ」という伝統的な潮干狩りができる。貝やタコなど、普段は海底にいて、なかなか捕まえることのできない獲物を、拾うようにして捕まえられる。

今里 人口：94人　世帯数：56

今里集落は大和村の最西端、急峻な山々に囲まれ、沖合には集落のシンボル的存在の今里立神が佇んでいる。立神はネリヤカナヤから来た神様が最初に立ち寄る場所として、奄美では古くから信仰の対象とされてきた島。奄美でも一際大きな立神があるこの地には、「オムケ・オーホリ」というノロの祭祀がある。この祭祀は海の彼方にあるとされる神の国「ネリヤ」から神様をお迎えし、集落に神様を招き入れることにより人々の健康と集落の平和を祈願する神事で今でも大切に受け継がれている。

また、今里集落は大和村で初めて鰹漁業を行ったという歴史があり、明治から昭和へと漁業の町として栄えていた場所でもある。時代の流れにより今では鰹漁業は行っていないが、かつては多くの帆船が大海原へ船を進め、命がけの漁をこなしていた。

パンフレット参考ではありますが、大和村のひなびて純朴な田舎っぽさを伝えようとする私の努力をあざ笑うかのようなパンフも同梱されていました。それがハナハナビー

191

チリゾート開業のお知らせで、なんとハナビーチからコハナビーチにかけての一帯で大規模なリゾート施設が展開されるのです。プール・サウナ・レストランが併設された貸し切りのかけ流し温泉風呂の奥には、一日5組限定の宿泊棟があり、おまけに近日オープン予定の施設などもあって、その周辺がすべてプライベート化されてしまうのです。

　おそらくどこかの大資本が土地を買い占めて始めた事業なのでしょうが、私が危惧するのは、元からこの地に住んでいた人たちが今までどおり、仲良く住み分けて従来の素朴な暮らしが続けられるかどうかです。

　今まではおじいとおばあの方だけを向いていた行政が、おそらく莫大な固定資産税を払うであろう施設の方を向いた施策を取り始め、取り残されるのは力のない老人ばかり、ということにならないか心配です。

　まあ、これが取り越し苦労に終わるだろうと楽観的に考えるようにして、とりあえず九州編を終わることにいたしましょう。

第4章

沖縄ルート

沖縄取材ルート図

点線はフェリー航路、←←←線は飛行機移動をを示す

伊平屋村

128E

27N

伊是名村

伊江村

国頭村

今帰仁村

大宜味村

東村

粟国村

宜野座村

渡名喜村

恩納村

読谷村

北中城村

座間味村

中城村

渡嘉敷村

那覇市

宮古島

北大東村

多良間村

南大東村

コラム

◆ 沖縄には飛行機で

　齢70を越えて、体力の衰えを自覚させられる毎日ですが、一番こたえるのが階段の上りで、次に思うようにいかなくなったのが自転車こぎです。残りの村めぐりの中では、どうしても自転車で回らなければならないのが沖縄で、だからスタミナが残っている今のうちに早めに行くことにしました。だってせっかく自転車を持ち込みながら、体力の限界でいくらも走れないんじゃ無駄でしょうが。

　ひとむかしも前なら、長距離フェリーを乗り継いで行かれたのですが、今では飛行機に乗るしかなく、早めに手配をしたところ、運良く全日空の安い切符を手に入れることができました。いわゆる格安航空会社の中には、信じられないほど安い運賃を提示しているのもありますが、自転車の運び賃が3000円とか5000円とか言われたら目も当てられないじゃないですか。それに全日空でも一万円を割っているのだから御の字でしょう。

　あいにく真ん中の席だったけれど、トイレで立った拍子に見たら、非常口の後ろが窓側を含んで3席も空いているのです。スッチー（差別用語か）に尋ねると移動しても構わないが、緊急時には手伝ってもらいますとのことでよろこんで窓際族に。だからその後は、窓外の景色を堪能しながら一路沖縄を目差したのでした。

　飛行機が徐々に高度を下げて、白い三角波がはっきりと見える海に突っ込んでいって、いきなり那覇国際空港に着陸しまし

第4章　沖縄ルート

た。今までに何度も飛行機には乗っていますが、着陸する時は
いつもこわくて緊張するのは私くらいで、他の人はあっけらか
んなのですが、私の方がおかしいですか。

　ともあれ本格的な沖縄取材の始まりで、飛行場から自転車で
町に向かおうとしていた計画を急遽変更して、便利なモノレー
ルに乗ってしまった軟弱なスタートだったのでした。

　那覇の宿はcamcam沖縄で、一泊800円からとのこと、いっ
たいどんな状況で寝るのでしょうか。

沖縄県島尻郡渡嘉敷村(とかしきそん)

北緯26度11分56秒　東経127度21分52秒
面積19km²　村人646人　財政力指数0.10

　泊港、愛称トマリンに来て、さてどこに最初に行こうか迷いました。ここから行ける島は4つあるのですが、とりあえず一番近い**渡嘉敷島**に渡ることにしました。フェリーで一時間強、高速船では30分強の近さですが、ハイシーズンには増便されるみたいです。

　近づくにしたがって、峨々たる山容が望まれて、この時点で自転車での島内一周はあきらめました。だって全体に岩山で、急坂だらけの島は、とても自転車では走れそうにないもの。それもそのはず、フルマラソンよりきついといわれる「渡嘉敷マラソン」が恒例になっているほどの島だから、そんなにヤワなわけがないのでした。

　ホノルルまでは費用がかけられない人は、毎年2月に開催されるというこちらに参加してはいかがでしょうか。た

だし募集は800人だけで、いつもほぼ満員になるらしいから、申し込みはお早めに、そして急坂で心臓麻痺を起こしても、私を恨んでは下さいますな。

マリンボックスでマリン定食を食べたら、港を背にしてずんずん歩きます。すると干潮時ならば、入港時に見えた城島まで歩いて行けますから、冒険好きな人なら行くっきゃないでしょうが、満潮になったら泳いで帰ってくるようですから、くれぐれも潮の満ち引きにはご注意を。

マリンスポーツを楽しむならば、島の反対側の阿波連までコミュニティバスで行きましょう。あらゆる楽しみ方が揃っていますし、その名もハナリ島というきれいな無人島もありますから、退屈することもないでしょう。

そんな誰でもエンジョイできるような場所でなく、他の人が誰もいないような浜を独占したいのなら、バイクで林道を走り、全部では18以上もある砂浜の気に入ったところで崖をすべり降りれば一人占めは間違いないけれど、帰ってこられないかも‥‥。

渡嘉敷島には、大きい順に渡嘉敷、阿波連、渡嘉志久地区があり、マリンスポーツや宿泊施設も地区の規模に比例してそれなりの数があるのですが、ここで少しでも雰囲気に触れるために食事処を羅列してみることにします。

渡嘉敷村 情報

マリンボックス＝島魚やチャンプルーが自慢。

食事処シーフレンドジュニア：アサイーボウルなどのカフェメニューも充実。

居酒屋海家＝グルクンの唐揚げなど沖縄料理。

串焼屋台三男坊＝屋台スタイルの焼き鳥屋。豊富な串メニューが揃う。

居酒屋リバーサイド＝島でとれた魚や野菜を使ったメニューが自慢。

お食事ピッコロ＝ボリューム満点の沖縄の家庭の味が楽しめる弁当屋。

漁師食堂かなろあ＝宿泊施設に併設。ランチ営業、夜は居酒屋に。

チップチップ＝売店。オリジナルTシャツはお土産におすすめ。

みなと売店＝まぐろジャーキーなど島のお土産が揃う売店。

新浜屋＝日用品や生鮮食品を扱う商店。昼はお弁当の販売も。
（以上は渡嘉敷地区）

食べ呑み屋バラック＝島魚の酢味噌和え定食が人気。定番沖縄料理も充実。

一休＝阿波連ビーチすぐそばのパーラー。

海の家ハウオリ＝タコライスや沖縄そばなどの軽食。

オクトパスガーデン＝ソーキそばなどメニューが豊富。2Fはテラス席。

まーさーの店＝島人が集まるにぎやかなお店。夜は居酒屋。

新垣商店（阿波連荘）＝食料品から日用品、釣り具など豊富に揃う商店。

cafe島むん＋（プラス）＝パスタやピザ、ワインなどが楽しめる店。

トミーパーラー＝タコスなどの軽食の店。管理棟前広場の隣。

居酒屋サマースノー＝新鮮な海の幸が絶品。店主の三線が聞けることも。

Sound Beach cafe（ハーフタイム）＝世界のビールとステーキが楽しめる開放的なカフェ。

海鮮居酒屋シーフレンド＝朝食バイキングから夜ご飯まで。(以上は阿波連地区)

我喜屋商店＝ビールや洋酒が豊富なカフェ＆バー。ランチも営業（渡嘉志久地区）

　村役場でもらったパンフレットから転載しましたが、途中でコロナ禍があったりしたので、この全部が営業しているのかはわかりません。それでも島の雰囲気が、少しは出ているのではないでしょうか。

　ここまで底抜けに明るい気分で紹介してきましたが、沖縄といえば先の戦争やそれ以前の歴史に触れないわけにはいきません。以下、渡嘉敷村役場が発信しているホムペから載せます。

特攻艇秘匿壕＝渡嘉志久ビーチ、リゾートホテル近くの山裾に、入口の高さ2.30メートル、幅3メートルで奥行きが12.2メートルほどの洞窟がある。

　この洞窟は、沖縄戦における旧日本軍「特攻艇」の秘匿壕で、黒色千枚岩の堅い岩石をくりぬいて構築されている。壕の掘削には朝鮮人軍夫等があたり、島の女子青年も献身的に協力をしたと伝えられている。

格納されていた特攻艇は「マルレ」と呼ばれ、ベニア板製で船幅1.8米、艇長5.6米、重量1,200キログラムの半滑走型ボートで120キログラムの爆雷2個を登載し、米軍艦艇を特攻攻撃するための秘密兵器であった。

白玉之塔＝慶良間諸島は、渡嘉敷、前島、座間味、阿嘉、慶留間、屋嘉比、久場島、など大小20余の島々からなり、渡嘉敷村と座間味村に分かれています。昔「群れ島」と呼ばれたこの美しい島々も、沖縄戦で多くの血が流された島として、歴史に刻まれています。

　日本軍は、沖縄本島に上陸してくる米軍の背後から奇襲攻撃をかけるねらいで、慶良間の島々に海上特攻艇300隻をしのばせていました。ところが、予想に反して米軍の攻略部隊は、1945年3月23日、数百の艦艇で慶良間諸島に砲爆撃を行い、特攻艇壕をシラミつぶしに破壊した後、ついに3月26日には座間味の島々へ、3月27日には渡嘉敷島にも上陸、占領し、沖縄本島上陸作戦の補給基地として確保しました。

　日本軍の特攻部隊と、住民は山の中に逃げこみました。パニック状態におちいった人々は避難の場所を失い、北端の北山に追込まれ、3月28日、かねて指示されていたとおりに、集団を組んで自決しました。手留弾、小銃、かま、くわ、かみそりなどを持っている者はまだいい方で、武器も刃物ももちあわせのない者は、縄で首を絞めたり、山火事の中に飛込んだり、この世のできごととは思えない凄惨な光景の中で、自ら生命を断っていったのです。

　満6年忌を迎えた昭和26年3月28日、住民集団自決の現地北山（現青少年交流の家敷地近く）で、白玉之塔の除幕式と合同

慰霊祭が行われ、戦没者（日本将兵81柱、軍人軍属92柱、防衛隊42柱、住民380柱）の御霊を島守りの神として仰ぎ祭られています。

　村では、毎年3月28日を慰霊の日とし、慰霊祭を執り行っている。昭和35年現地西山が軍用地に接収されたため、昭和37年4月19日現在のギズ山に移動し新しく建立されました。

赤間山の烽火台跡（ヒータティヤー）＝江戸時代、1624年琉球王府は、通信の手段として初めて烽火（のろし）を考え、中山支配下の各間切（まじり）や周辺の島々に烽火台を建てました。その中の一つが、現在赤間山の頂上に残っている烽火台跡です。島々（久米島、慶良間の島々、渡名喜島、伊平屋島、粟国島、伊江島等）に進貢船（しんこうせん）や冊封船（さっぷうせん）が近づいたとき、烽火をたいて、つぎつぎと伝え、最後は、この赤間山の烽火台から浦添や小禄に伝え、そこから首里王府に連絡したのです。

　烽火のたき方としては、進貢船1隻のときは一筋の煙、2隻のときは二筋の煙、あるいはどこの船籍か不明の時は三筋の煙など、その状況によっていろいろ烽火のたき方があったのです。唐船の時代、慶良間の島々は地理的に那覇、首里に近く、重要な通信基地でした。

　進貢船が琉球に帰るとき、順風のときは、まず久米島に接近し、その後、慶良間に来て停泊、風待ちをするか、あるいは、慶良間の北側を通って、那覇に直通するコースが順調な航路でした。風によっては、尖閣列島から八重山諸島を通り、島伝いに北上してくる場合もあり、又、伊平屋、粟国、渡名喜を回り、座間味、渡嘉敷と近づいてくるコースもありました。

これらの島々には、どの島にも烽火台があり、そこには番人もいて、島伝いにつぎつぎ烽火をたいて、進貢船の接近を知らせていったのです。冊封使をのせた冊封船が来ると、王府は接待をするため、いろいろな準備をしなければなりません。いくらかでも事前に知らせる必要があったのです。現仕のような定期船ではないし、進貢船が風待ちで2、3か月も阿護之浦（あごのうら）に停泊する場合もあった時代でした。

　明治、大正期に入ってからは、名護に「白い煙、黒い煙」として有名な烽火台があるのと同じように、この赤間山のヒータティヤーは、大和に行く子弟の見送りや、軍人の見送りのため、這根樹（はいねじゅ・ヒッチェーシ）の葉をたき、白い煙を出し、見送りをしたのです。そして大和旅の安全と戦地に向かう軍人の無事帰島を祈りました。

第4章　沖縄ルート

沖縄県中頭郡北中城村 (きたなかぐすくそん)

北緯26度18分04秒　東経127度47分35秒
面積11㎢　村人18244人　財政力指数0.65

　折りたたみ自転車ダホーンと一緒に、北中城村へバスで行きました。まったく情報がないままに「滞納したらチンダミするよ」のポスターが貼られた村役場を訪れると、いっぱいパンフレットをくれましたが、役場に用意してあるパンフ数としてはかなり多いと感じました。職員に話を聞くと、この村の女性は日本一の寿命を保っており、更には主観的幸福感も全国平均より高く、一般高齢者の70パーセント以上が健康状態がよいと回答するなど、おばあには暮らしやすいところなのかも知れません。

　名所はと訪ねると、即座に返ってきた答えが「中村家住宅」と「中城城跡」とのことで自転車で向かったのですが、いやはや何とも、そこまでの坂道の急なこと、実に行程の半分以上を押して歩く羽目になってしまったのでした。

203

中村家は300年も前に建てられた武家屋敷を、地頭職にあった豪農が買い取って増築したという、中国と日本の両方の影響を強く受けた歴史的な建物ですが、そんなことを考えなくても、開け放たれた座敷に座って風に吹かれていれば、自然と悠久の昔に想いが飛んでいくような素敵な家でした。

そこから更に高い場所にあるのが城跡で、なまじ急な坂道が見えるだけに、よっぽど行かずにすまそうかとも思いましたが、やっぱり自転車を押して頑張りました。だって自分の目で実際に見なければ、ちゃんとした報告なんてできないのですからね。

汗みずくになり、動悸息切れをなだめすかし、何度も水分補給をして苦労してたどり着いた中城城址は、それはそれは素晴らしいところでした。切符売り場から直接上っていく裏門ルートと、無料カートで連れてってくれる表門ルートがありますが、ここは絶対に表門から入ることをお勧めします。

この素晴らしい曲線美を誇る城跡の魅力は、まさに筆舌に尽くしがたいものであって、とても私めの文章力ではあらわしきれませんが、ここに立ったとたんにマチュピチュを思い出したことだけは確かです。

沖縄にある300余のグスク跡でも、突出して保存状態のよいここでは、亀甲乱れ積みも美しい三の郭でのプロジェクションマップなども行われるそうですから、そんな行事に合わせて行くのもいいでしょう。

村情報としては多岐にわたった方がよいのですが、ここのパンフレットにも美味しそうな料理がいっぱいなので、前の村に続いてグルメ情報を。

204

第4章　沖縄ルート

北中城村 情報

琉京甘味SANS SOUCI＝沖縄産の卵・鶏・豚・黒糖などの食材に、京都産の出汁・ネギ・七味・抹茶などを使用し、沖縄（琉球）と京都が見事にコラボレーションしたこちら。中でもダントツ人気のカレーうどんは、京都の割烹料理店で修行した店長が放つ渾身の逸品。存在感あるスイーツも必食！

PLOUGHMAN`S LUNCH BAKERY＝丘の上に建つこちらのお店では、限定10食で『AMプレート』が注文できます。パン、スープ、サラダ、スクランブルエッグに自家製デップを添えたシンプルな朝食ですが、その優しい味わいにホッとします。食材は地産地消を考え県内のものを中心に安全で無農薬のものを厳選。

YOYO AN FACTRY＝今年オープンしたばかりの和菓子店は、新しくもノスタルジックな佇まいが魅力的。居心地が良い空間の中でいただけるのは、大福とどら焼きです。いずれも手作りで、それぞれで異なる風味と食感のあんこが楽しめます。沖縄の伝統菓子である冬瓜漬けもおすすめです。

和食樂＝「本土のものを沖縄に広めたい」という店主が始めた、日本酒と日本料理が楽しめるお店で常時50種ほどの日本酒が揃います。ほろほろとした食感のおぼろ豆腐はなんと自家製！沖縄県唯一の日本酒造が醸した日本酒との相性もぴったり。

お食事処峠の茶屋＝琉球アーサそばは、麺やかまぼこ、トッピングにアーサ入り！他にも、健康的な料理が島野菜バイキングと共に味わえるセットなども。

縁どころ吉嶺＝新鮮な刺身は、毎朝市場で仕入れる地元産。大

205

ぶりなアーサの天ぷらや、テビチのから揚げも大人気。高台に
あるこちらのお店では、夜になると素敵な夜景も楽しむことが
できます。

外食家くじら＝高台にある見晴らし抜群のレストランは、特に
地元のファミリーから絶大な支持を集めています。車えびの旨
味が凝縮した『車えびのトマトクリームスパゲティ』がオススメ。

kozy`s pizza＝常時7種類のピザと季節限定のメニューが楽し
めるコージーピザ。本格アメリカンピザはS、M、L、XLの4サ
イズから選べます。8種類のトッピングが絶妙にマッチした一
番人気の「スーパーデラックス」はぜひご注文を。

cafe&zakka jam＝ツタが絡まる外観が目を引く外人住宅カ
フェは、アンティークのインテリアに彩られ雰囲気抜群。昼間
のみのオープンで、ハーフビュッフェスタイルのランチが頂けま
す。前菜には旬の島野菜がふんだんに使われ、とてもヘルシー。

cafe MARISOL＝ローストチキンをたっぷり入れて、メキシ
コ産唐辛子を効かせた、ボリューム満点のカレーが人気です。
スパイス香る店内で、がっつりパワーチャージ。

Bamboo Cafe北中城店＝ジャマイカから取り寄せた18種類の
ハーブとスパイスを遠赤グリル焼き本場の味を再現した『ジャー
クチキン』。青をベースにしたかわいいジャマイカンな店内も
魅力です。

洋食キッチン　フジオ軒＝昔から親しまれてきた伝統的な洋食
を手軽に食べられる人気店。手仕込みハンバーグなど、どれも
リーズナブルながら本格的なものばかり。特製デミグラスソー
スはフジオ軒のオリジナルレシピで、コクとまろやかさが同居
した逸品。

第4章　沖縄ルート

沖縄料理の店　まるみつ＝スタンダードな沖縄料理にひと工夫が施され、しみじみと美味しいご馳走に仕上げられています。北中城村の名産品アーサそばの出汁は、磯の香りを引き立てる昆布とカツオがベース。野菜そばの具材は炒めず、蒸し上げてヘルシーに。

　以上がパンフレットからのグルメ情報ですが、この村独自の取り組みとして、いろいろな体験講座が開かれていますので、ホムペ情報として載せます。

HP情報

《4時間プラン》珈琲栽培体験｜安座間珈琲農園

おすすめポイント＝毎日飲む珈琲のいろはを学び、珈琲の美味しい淹れ方を学ぶ。翌日からの一杯がもっと特別になる学びの時間。珈琲についてのいろはを学びながら、実際にコーヒーの苗木に触れてみる。コーヒーの美味しい入れ方を学んだあとは、ドリップパックもついてくるちょっぴりお得な体験プラン。
●対象年齢／小学生以上●所要時間／4時間●受入人数／2名〜●受付締切日／3日前の23：59まで●料金／大人　11,440円、小学生　5,720円
当日のスケジュール＝9：00集合／9：30体験スタート／13：00講座終了
支払い方法＜オンライン決済＞
予約リクエストが承認されると予約が成立します。
予約成立後に、体験チケット購入ページのURLをお送りします

ので、お支払いをお願いいたします。

キャンセル・変更について

■お客様のご都合でキャンセルする場合のキャンセル料金は下記のとおりです。

取消日（体験商品予約日からさかのぼって）／キャンセル料・20日前〜11日前／なし・10日前〜8日前／20％・7日前〜3日前／30％・2日前／50％・1日前、当日／100％

■主催者の都合により体験イベントの開催が中止になる場合は、振替日にて実施または全額返金いたします。

《1日プラン》サーター（黒糖）作り｜安座間珈琲

おすすめポイント＝沖縄のお土産品でよく目にするサーター（黒糖）がどのように作られているかを知る体験。昔ながらの手法でシンメー鍋を使い、じっくり作り上げる時間は、地元の人と話したり楽しい時間を過ごす体験。

●対象年齢／4歳〜●所要時間／8時間●受入人数／5名〜30名●受付締切日／10日前の23：59まで●料金／大人　11,440円、小学生以下　5,720円

当日のスケジュール／9：00集合・移動／9：30体験スタート／17：00　講座修了

《お土産付》無農薬・無肥料の農業体験｜ソルファコミュニティ

おすすめポイント＝【お土産付きプラン】農福連携（農業と福祉の連携）と無農薬・無肥料をテーマにしたソルファコミュニティの農園での農業体験。野菜だけでなく畑にはたくさんの生き物たちにも出会えるチャンス！

▼ソルファコミュニティとは？　農業と福祉の連携「農福連

携」の取り組みを行っている北中城村の事業所です。土の中にもある「多様性」を大切にしており、農薬だけでなく肥料も使わない自然栽培を行っています。所有する農園は8ヵ所、現在は野菜だけでなく、アイスクリームやプリンなど、洋菓子作りに広く使われる「バニラ」の栽培も行っています。

●対象年齢＝年齢制限なし●所要時間／2時間●受入人数／1名〜20名●受付締切日／10日前の23：59まで●料金／大人6,000円、中学生以下4,000円、3歳未満　0円

当日のスケジュール＝9：30集合・農園移動／10：00〜12：00体験（体験内容は時期によって異なります）／12：00解散

※雨天決行／荒天中止

持ち物・服装・汚れても良い格好（必要な方は着替え）

・タオル・水筒・帽子・軍手（必要な方）

※長靴、スコップは会場にて貸出あり（サイズによって数に限りがあります。）

きくらげ収穫体験｜旭イノベーション

おすすめポイント＝EM栽培、農薬不使用で育てた北中城村産きくらげブランド『きくらげ小町』を生産する北中ファームで、きくらげ収穫体験。指定されたザルに盛り放題！収穫したきくらげは、お持ち帰りできます。

収穫体験に含まれるもの＝◇きくらげの収穫体験◇きくらげや菌の世界についての簡単なレクチャー◇指定した入れ物(ザル)に、お持ち帰り用きくらげを盛り放題◇栽培ハウス内のEM菌入ミストでEM浴◇ヤギとの触れ合い、餌やり体験

きくらげを食べると、・お肌プルプル・腸活効果・免疫力アップ・コレステロール値が下がる・ダイエット効果・血糖値が下

がる、などなど、嬉しい健康美容効果も。無農薬栽培なので、お子様も安心にご参加いただけます。きくらげは、無くなり次第終了なので、お早めにお申し込みください。

●対象年齢／6歳以上●所要時間／2時間●受入人数／5名～
●受付締切日／前日の23：59まで●料金／大人5,000円、小学生以下　3,000円

当日のスケジュール＝10：00集合／10：05～キクラゲや菌について説明／11：00～収穫（1時間）／12：00解散

クレヨンづくり | KAKERA（カケラ）

おすすめポイント

北中城村にある人気のパン屋さん「cotonowa（コトノワ）」で行う、世界に1つだけのオリジナルのクレヨンづくり。好きな色を思いのまま組み合わせて、自分だけのクレヨンをつくったり、大切な方へのギフトにもおすすめ。

●対象年齢＝5歳以上（5歳未満は保護者同伴で可能）●所要時間／約2時間●受入人数／2名～6名●受付締切日/15日前の23：59まで●料金／ひとり3,850円

当日のスケジュール　※営業時間内で対応

（例）10：00店舗へ集合／10：00～10：15体験内容の説明／10：15～12：00クレヨン製作／12：00解散

やちむんづくり | 仁陶器工房

おすすめポイント＝「やちむん」を通して、南の島の"てしごと"を体験しみませんか？ユーモアあふれる講師と共に笑いでいっぱいの体験になることは間違いなし。

沖縄伝統工芸の1つやちむん。やちむんで使う沖縄の赤土に触

第４章　沖縄ルート

れて、旅の思い出にあなただけのやちむんを作りませんか？
概要▼仁陶器工房（じんとうきこうぼう）とは？
北中城村荻道に工房がある「仁陶器工房」。どっしりとした見た目でありながら、どこかかわいらしさも兼ね合わせている仁陶器工房の作品は、まるで作家の伊達さんを表したかのよう。工房も趣があり、窓からは土や窯の香りをまとった香りがそよそよと流れてきます。

●対象年齢／6歳以上●所要時間／約3時間●受入人数／1名〜4名●受付締切日／7日前の23：59まで●料金ひとり　6,500円
当日のスケジュール、営業時間内に随時対応
（例）13：00集合／13：00〜13：05体験内容の説明／13：05〜14：00陶芸体験／14：00解散

オリジナル三線づくり・演奏体験｜米須三線店

おすすめポイント【三線の組み立て1時間プラン】
南の島の音「三線」は沖縄を代表する楽器。三線職人に教わる作り方から引き方まで習う贅沢な時間。

●対象年齢／6歳以上●所要時間／1時間●受入人数／1名〜6名●受付締切日／7日前の23：59まで●料金／ひとり　32,500円
当日のスケジュール、営業時間内に随時対応
13：00店舗に集合／13：00〜13：10体験内容の説明／
13：10〜14：00オリジナル三線づくり／14：00解散

211

沖縄県中頭郡中城村
なかぐすくそん

北緯26度15分43秒　東経127度47分23秒
面積15km²　村人22837人　財政力指数0.62

　本当のことをいえば、中城城跡は北中城村ではなく、中城村の領地内にあるのですが、そんなことを言い出せばキリがないので、こちらからも行かれるとだけお伝えしましょう。

　ただし上り坂は、距離が近い分だけ中城村側からの方がはるかに急で、歩いて上るのはかなり大変です。だから中城村役場前までバスで来て、そこからタクシーで城跡まで行くというのが正しい行き方ですが、うまくタクシーがつかまるかどうかはわかりません。

　反対にいえば、自転車での下りは快適そのもの、20年物の麦わら帽子を吹っ飛ばされそうになりながら、ツールドフランス気分で一気に村役場までなだれ込みました。こちらではやはり対抗意識があるのか、北では女性の寿命が日

第4章　沖縄ルート

本一だと自慢していたと告げると、我が中城村は村人口が増えるランキングで上位にいると胸を張っていました。

　こちらでもらった資料の中に、中城グスクを築いた護佐丸について触れたものがありましたので、少しだけ紹介してみます。群雄が割拠していた沖縄が統一され、奄美群島や八重山諸島までも領地を広げた頃の琉球王国に仕えた護佐丸は、読谷村の座喜味グスクの築城を命じられ、軟弱地盤にもかかわらず、厚みを持たせた城壁を湾曲させるという手法で強固なグスクを完成させます。

　その後、首里を守るために呼ばれた護佐丸が入城したのが中城グスクで、彼は守備を固めるために三の郭と北の郭を増築しました。五角、六角という形の石を組み合わせる城壁は強固で、織田信長が初めて本格的な城として築いた小牧山城よりも百数十年も前に琉球には築城技術が確立されていたことになります。

　けれども忠義ひとすじに励む護佐丸は、政敵の讒言により、王府軍に囲まれてしまいます。家臣団は王のバックに政敵がいるのを知り、戦うことを進言しますが、忠臣護佐丸は主君に弓引くことはできないと自害します。この時にひそかに乳母が連れ出したのが三男の盛親で、女の子と偽って育てられた盛親は、後の尚円王に取り立てられて、護佐丸の血筋は今も連綿と受け継がれているのでした。めでたしめでたし‥‥。

　実は、護佐丸のストーリーは「剣魄流離譚」という250ページを超える力作の中で詳しく書かれているのですが、私自身が時代小説ではなんら実績がないために、どこの出

版社からもまだ出ていないのです。

　スサノオが所持していたと伝わる剣に宿った剣魄が、今剣、小竜景光、千代金丸、石州大太刀、和泉守国貞、和泉守兼定へと転々と宿って義の戦いを応援するという物語で、六条蔵人というペンネームで出すつもりなので、プチエロス描写も入っているのです。

　この千代金丸の章に護佐丸のストーリーが挿入されているので、ぜひみなさんに読んで欲しいのですが、そのうちになんとかして出版にこぎ着けたいと考えていますので、それまでお待ちください。

　それにしても中城城は見事な城塞で、その魅力を**パンフ****レット**から引用してみます。

中城村 情報

　中城城跡は、かつて、貿易が行われていた屋宜の港から2㎞ほど離れた標高約160mの丘陵上にあります。中城村の西北から北中城村の南側にのびていく丘陵の東崖縁を天然の要塞とし、300余もあるとされる沖縄のグスクの中で最も遺構がよく残っていることで知られています。

　石垣の上に立つと、西に東シナ海、東に中城湾（太平洋）を望み、勝連半島、知念半島、さらには周囲の洋上の島々まで見渡せる眺望の素晴らしい所です。

　城は、連郭式の山城で、六つの郭で構成されています。城壁は、主に琉球石灰岩の切石で積まれており、自然の岩石と地形的条件を生かした美しい曲線で構成されています。その築城技

術の高さは、芸術的と言われ、歴史的にも高い評価を受けています。

☆正門＝門の上部には木製の櫓が乗っていたといわれています。門の両側から城壁が張り出していて、攻めてきた敵を正面と両側の三方から撃退できる防御的に優れた造りになっています。

☆南の郭＝場内で最も神聖な場所です。首里や久高島の神につながっている拝所や、雨乞いをするための拝所があります。

☆一の郭＝中城グスクの主郭で、殿舎が建っていました。護佐丸滅亡後、番所や役場として使用されましたが、第二次世界大戦で消失しました。中森の御イベは中城グスクの守り神です。

☆二の郭＝一際目を引く曲線の美しさが印象的な二の郭には、神を祀った拝所と日露戦争の戦没者を祀った慰霊碑があります。

☆西の郭＝細長く延びた郭で、兵馬・弓矢の訓練をしたといわれています。神を祀った3つの拝所があります。

☆三の郭＝護佐丸が増築したとされるこの郭は、曲線の美しさと技法の高さが琉球のグスクの最高美と称賛されています。急勾配の階段も特徴的です。

☆大井戸（ウフガー）＝北の郭にある井戸で、この井戸を守るために北の郭は造られたと考えられています。

☆裏門＝県内にあるオリジナルのアーチ門としては最も大きく、古い門です。優れた技術で築かれており、550年以上経過した現在でも荘厳な姿をとどめています。

☆護佐丸の墓＝中城グスクの城主であった護佐丸の墓で、台グスクのガケ下にあります。現存する亀甲墓としては、県内で最も古いものの一つといわれています。

グルメ情報

　もうグルメ情報はいいだろうと思っていましたが、パンフには美味しそうな写真がいっぱい載っていて、紹介せずにはいられません。

カフェ・マーメイド＝くじらの絵が目印の中城モール1Fにあるカフェ。ニンニク＆ビネガーのさわやかなソースがやみつきになる"アルゼンチン・チキン"がおすすめ。美しい海が窓いっぱいに広がるカフェ＆テラスです。

沖縄そば　まるやす＝生麺のつるつるもちもちとした食感、コシにこだわり、毎日製麺しています。看板メニューは一押しの本ソーキ、人気のなんこつソーキ、定番の三枚肉の3種が楽しめる「まるやすそば」。また、限定10食のてびちそば、ゆしどうふそばもグー。

かふぇ　わ＝中城湾を一望できるロケーション、白と青を基調としたオシャレなカフェ。自家製のミートスパゲティや野菜カレー、沖縄ではポピュラーなぜんざいなどのメニューも大人気。

沖縄そばと郷土料理の店　悠愉樹庵＝冷凍食品、化学調味料を一切使わず、一品一品を丁寧に手作りした郷土料理。ほとんどの料理に国産生姜をたっぷり使用しているので、冷え性の女性はぜひ。トロトロの"てびち定食"。手作りの"紅芋チーズケーキ"も絶品。

愛ちゃん食堂＝"タコライス＆沖縄そばセット"は「たっぷり、安い、美味しい」の三拍子揃った人気メニュー。夜は居酒屋になり、"ソーメンチャンプルー"は昔懐かしい味がすると評判。月に一度、第3土曜日には、民謡やフォークソングのライブが

第4章　沖縄ルート

開かれる。

ちゅるげーそば＝築80年の赤瓦の古民家を改築、沖縄民謡が流れて雰囲気たっぷりの沖縄そば屋さん。てびち、軟骨ソーキ、三枚肉が入った"ちゅるげーそば"がオススメで、4種類の麺、2種類のスープから選べるので、自分好みのおそばが楽しめます。

麺家　にらい＝たっぷりのカツオ節で取った濃厚カツオスープの香りとトッピングされた千切り生ショウガの香りが食欲をそそる"軟骨ソーキそば"は、トロトロの軟骨ソーキとコシのある茹でたて自家製麺の歯ごたえがたまらない大人気のおそば。

ギャラリー喫茶　猫丸庵＝10種類のスパイスを独自でブレンドした自家製カレーをオーブン焼きした"焼きカレー"や"カレーそば"が人気。店内には造形作家"猫丸かおる"の作品が飾られて、アートを楽しみながらゆったりとした時間が過ごせます。

ロハス・ガーデン樹々＝窓一面に広がる青い空と海を眺めながら、身体に優しいお食事。地元の野菜や自家製ハーブなどを使用した野菜料理を中心に、玄米ともち米の入ったもっちりご飯、海藻類に魚とバランスのとれたランチはデザートまでついてリーズナブル。

そば処　やじろべえ＝一般的な麺の量の1.5倍とボリューム満点。コシのある細麺、豚骨とカツオベースのあっさりスープ、とろとろに煮込まれた柔らか軟骨がたまらない"軟骨ソーキそば"はNo.1の人気。8種類以上の新鮮野菜をトッピングした"野菜そば"は美味しく野菜不足が解消できる、ありがたい一品。

松原てんぷら＝村内でも珍しいうちなー（沖縄）天ぷらは、注文を受けてから揚げるので、出来たて"あちこーこー（熱々）"

217

の天ぷらをお召し上がり頂けます。うちなー天ぷらではおなじみの、サカナやイカをはじめとした10種類の天ぷらの他、沖縄そば、かき氷、ぜんざいなどもあります。

イタリア食堂Hanta Baru=カジュアルな雰囲気で美味しい食事。ランチはイタリアンベースの洋食バイキングに牛、豚、鶏、魚から選べる多彩なメインディッシュが嬉しい。ディナーはセットメニューから、お酒も楽しめる単品料理も揃えており、カウンター席も。

第4章 沖縄ルート

沖縄県国頭郡伊江村(いえそん)
北緯26度42分49秒　東経127度48分25秒
面積23㎢　村人3890人　財政力指数0.15

　朝、那覇のバスターミナルまで自転車で走ります。予定としては美ら海水族館を見てから、自転車で少しばかり戻り、本部港からフェリーで伊江島に渡って一泊、だったのですが、バスに乗っている内に気が変わりました。だって海沿いの道なのに、アップダウンが激しいんだもの。

　奄美大島ほどではないものの、ちょっと自転車では無理だと判断した私は、本部港でバスを捨てて伊江島に渡りました。フェリーは出発時間も便数も限られているけど、水族館は逃げないのですからね。

　ラッキーなことにフェリーはすぐに出て、すぐに島に着きました。すぐに自転車を組み立てて伊江村村役場を目差すも、すぐに胸突き八丁めいた急坂があらわれてヒイヒイ。それもそのはず、前方には突き立つ岩山が見えていて、島

の半分が岩山に向かってのぼるような形になっているでは
ありませんか。村役場はそんな急坂の途中にあって、大汗
もので訪れたのに、なんと日曜日で誰もいないのです。仕
方なく証拠写真だけを撮って港に折り返し、観光案内所の
娘さんに伊江村の一押しを尋ねると、迷うことなく「城山
でしょう」

　ふもとまでは車で行けて、頂上までは階段があるから誰
でも登れます、とは言われたけれど、よっぽどの健脚でな
ければ登れないだろうことは、下から見上げただけでもわ
かりますよ。ただし標高172メートルからの眺望は絶佳で
あることは疑いもなく、体力のある人なら訪れて欲しい場
所です。

　私の目的地は村役場でしたから、一直線に登らなければ
ならなかったけれど、島を一周する道路は平坦で、ハイビ
スカス園や青少年旅行村などがあり、戦跡なども点在して
いるから、あらためて平和のありがたさを噛みしめるよす
がにしてもらいたい、と戦後生まれの私は思うのでした。

　山裾にある島村屋観光公園は、沖縄三大悲劇「伊江島ハ
ンドゥー小」の舞台となった屋敷跡にあるから、悲恋物語
が三度の飯より好きな人は尋ねてください。

　ちなみにここの観光案内所の娘さんは、今まで沖縄で
会った人の内では、2番目に美人さんだったと思います。1
位はマルエー受付のナカソネさんですが、そもそもこんな
風にランキングをつけるのがセクハラなのでしょう。

　帰り便までは1時間弱あるので、食堂で名物の小麦そば
チャンポンを注文して待っていると、アイスコーヒーが飲

220

第4章　沖縄ルート

み放題サービスで、ずいぶんと気前がいいなあと感心しきり、ところが肝心のチャンポンが中々出てこないのです。さすがに催促したところ、ようやく出てきた時には出航前30分しかなかった。30分もあるじゃないかという人もいるでしょうが、そこそこの猫舌に加えて、年をとってからは熱いものが喉を通らない（食道が焼けるような感じ）まで追加されたのだから、そんなに急いでは食べられないのです。時計を横目に、熱いシーフード入り野菜チャンポンをフーフー吹きながらかっ込んでいる私の姿は、のんびりとした時間の流れる伊江村にあって、さぞかし異邦人のように浮き上がって見えたことでありましょう。

　今では平和そのものにも見える伊江島ですが、やはり先の戦争では多大な被害を受けました。ただしここには大規模な飛行場があったので、他の島々とは少しばかり事情が異なったみたいです。

戦時下の伊江島

　1942年6月のミッドウェー海戦で甚大な被害を被った日本軍は、南西諸島の島々に多数の飛行場を作り、これらを不沈空母として活用する作戦を立てた。

　中でも城山以外は平坦地が広がる伊江島は格好の適地と見なされて、土地が強制接収され、おまけに村民までが駆り出されて飛行場建設が始まり、計画段階で合計6本、最終的には3本の滑走路を備えるという、まさに東洋一というにふさわしい飛行場が完成した。

　しかし米英の連合軍が沖縄に迫る中で、完成したばかりの飛

221

行場の破壊命令が出され、シャベルや鍬などを使って昼夜兼行で作られた滑走路が、今度は一転して壊されることになった。無理やりに強制労働させられて作り上げた飛行場を、数日経たずして反対に壊す作業を無理強いされた村民の心情はいかばかりか。

ところが滑走路の破壊といっても、せいぜい横方向に溝を掘る程度しかできずに、米軍に補修されて使われるおそれが残ったので、急遽伊江島守備隊として2700名が派遣された。そして城山を中心に強固な陣地がいくつも構築されて米軍上陸に備えたが、この中には防衛召集兵の他、青年義勇隊、女子救護班、婦人協力隊などの名目で集められた2000人弱の村民も含まれていたという。

3月中旬から連日のように大編隊での空襲が始まり、焼夷弾が雨のようにばらまかれて伊江島を猛火に包み、更には4月16日払暁までの間、米第五艦隊の戦艦、巡洋艦、駆逐艦の10隻以上からの猛烈な艦砲射撃に襲われ続けた。制空権を奪った空から飛行機がロケット弾やナパーム弾を投下、伊江島は黒煙に覆われた。

続いて上陸用舟艇が海岸に殺到、多くの敷設地雷に苦戦しながらも内陸にと侵攻した米兵は、日本軍が立てこもって抵抗する塹壕は言うに及ばず、民間人が隠れている洞窟も家も施設もシラミつぶしに殲滅していった。

4月20日になると、島中央にそびえる城山だけに攻撃対象が限定されたが、ここに強固な洞窟陣地を築いた日本軍の抵抗はすさまじく、米軍は少なからぬ犠牲を出しながら塹壕や洞窟陣地を一つずつ壊滅していくしかなかった。

222

第4章　沖縄ルート

　そしてここでも、沖縄戦の悲劇が凝縮されたような出来事があり、棒の先に短剣を付けただけの武器で斬り込んだり、爆薬箱を抱えて戦車のキャタピラを壊そうと突撃した中には、乳飲み子を背負った婦人までいたという話が残されている。
　城山を攻略した米軍が戦闘終結を宣言しても、避難した洞窟での強制集団死は続き、4月22日には今も残る「アハシャガマ」で、住民が潜んでいたところに日本兵が機雷を抱えて飛び込み、村民約150人を道連れに自爆したという悲劇も伝えられている。

　村民にすれば理不尽極まりない先の戦争の傷跡は、芳魂之塔、アニーパイル記念碑、公益質屋跡、ヌチドゥタカラの家などに色濃く残っているので、平和に慣れすぎて、日本が戦争に巻き込まれる怖れが皆無だなどと考えている平和ぼけの人は、ぜひとも訪れて戦のない生活がどれほど素晴らしいものなのか考えて欲しいと切実に思う筆者でありました。

沖縄県国頭郡今帰仁村(なきじんそん)

北緯26度40分57秒　東経127度58分22秒
面積39km²　村人8833人　財政力指数0.26

　美ら海水族館を堪能して、バスで今帰仁村役場前にたどり着きました。ここに来る途中にも、今帰仁城跡などの面白そうな停留場はあったのですが、まっすぐに役場前まで来たについては、今宵の宿を探さなければならないという事情があったからです。

　今どき現地に着いてから、情報を集めて電話をして宿泊するなんて、なんて時代遅れだと思う人も多いでしょうが、それこそが旅の醍醐味であって、何でもかんでもスマホで手配してしまうなんて、私に言わせてもらえば単なる移動にすぎないですね。

　まあそんなことは個人の自由だけど、あんまり便利さを追及していくと、最後にはずいぶんと不便なことになるということが分からないのでしょうか。そして個人情報が勝

手に売り買いされて、自分が丸裸にされてしまっていることに無抵抗な人があまりにも多いことに、恐怖すら感じるのは私だけでしょうか。

それよりも恐ろしいのは、脳が判断力をなくしてしまうことです。自分の体験したことと勉強したことしか知識として入っていなくて、しかも判断に時間がかかる自前の脳と、世の中のあらゆる情報が知識としてキープされていて、瞬時に判断が下せる優秀な脳が隣り合っていたら、どうしても自前の脳は萎縮してしまうでしょう。そして外付けの優秀な脳がスマホだとしたら、怖くないですか。まあ、その時になってみないと思い知らないのでしょうが、おそらくそんな判断もできないくらいに脳の劣化が進んでいると思いますよ。いずれにしても、ご自分で選ぶ道だから他人がとやかく言うこともありませんが‥‥。

日曜日の役場には2人が出勤していて、夕方になってから無鉄砲に飛び込んできた旅行者に丁寧に対応してくれました。まず観光パンフレットをもらったあとで、近所の宿を尋ねると、即座に教えてくれたのが「民宿まるや」。

ご親切に電話までかけてくれて、泊まれることを確認してくれるなんて、今帰仁村役場の人は、なんてあったかいんでしょうか。

1階が「手打ちそば　まんじん」の民宿は、値段の割に快適で、しかもフェリー乗り場までかなり近いので正解でした。たまっていた洗濯物をコインランドリーで片付けてしまえば、あとはフリータイム、以前ならばどっかの店に入って酒杯を傾けるところですが、経済的な事情から禁酒

をしている私ですから、季節外れの蚊を追い払いながらの散歩だけで帰りました。

　クーラーのよく効く部屋で観光パンフを見ると、やはり今帰仁城跡はかなり素敵なところらしく、世界遺産にも登録されているのですが、あまりにもバス便が少なくて訪れることができなかったのが心残りではありました。自転車で走れない距離でもなかったのですが、あのアップダウンを考えると、断念しないわけにはいかなかったのです。自動車で来たり、時間に余裕のある人は、是非とも訪問したらよいのではないでしょうか。

　素敵な砂浜が多く点在し、橋でつながっている古宇利島も観光的にはずいぶんと開けている今帰仁村、のんびりと滞在してみたいということで、代表的な砂浜を取り上げてみました。

今帰仁村 情報

ウッパマ＝沖縄の方言で「大きい」という意味のウッパマ。手つかずの自然が残る貴重な天然ビーチです。

古宇利ビーチ＝古宇利島の入り口にある。遠浅で穏やかなこの海では、南国の雰囲気を満喫できます。

村民の浜・ピージャーガー＝今帰仁村総合運動公園の一角にあり、ビーチスポーツやカヌーなどのスポーツが楽しめるビーチ。

長浜ビーチ＝今帰仁の諸志から与那嶺まで続くビーチです。ビーチには東側と西側に道があり、東側は「ホワイトボードin長浜」が、西側は「風来荘」が目印に。

第4章　沖縄ルート

サダハマ＝「赤墓」と呼ばれる史跡が海岸にあり、赤墓のビーチとか諸志ビーチとかの別名もあります。何本もの映画やドラマ、CM等のロケ地ともなっている隠れた絶景ビーチです。シャワー・トイレ等はありません。

シバンティーナ＝トレーラーハウスに宿泊できる「ウッドペッカー今帰仁」の目の前に広がる海。本部町と今帰仁の境にあってウッバマと同じくらい長いビーチです。波によって浸食された個性的な形の岩も見どころです。

シルバマ＝古い集落の風景が残る今泊。フクギに囲まれた集落の狭い路地を抜け、視界がぱっと開けて広がる海。夕暮れには地元の人が夕涼みしていたり、今泊の人に愛されている海です。

ナガナート＝今泊のゲートボール場から入っていくビーチ。ゲートボール場は「今帰仁の宿ハイビスカス」や「昭和居酒屋　北山食堂」の斜め向かいにあります。潮だまりが多く、貝等も取れます。

カネシバマ＝北山荘から西に進み、別荘のような建物の脇を通る海側への道の先にある。村内のビーチの中でも最も砂が細かい、パウダーサンドのビーチです。

イサラバマ＝目印が近くになく非常にわかりにくい場所で、駐車スペースも殆どないが、あまり人のこない村内でも屈指の美しさを誇るビーチです。

ウサバマ＝崎山の集落、沢山のビニールハウス農地の奥にあるビーチ。人のこない穴場中の穴場。コンクリートで舗装された坂道の先にあります。

ティーヌ浜（ハート岩）＝古宇利島の北のビーチ。ハート形の岩が人気で観光スポットとなっている。手前に有料の駐車場を

227

もつパーラーがあります。

トケイ浜＝古宇利島、ティーヌ浜の先（東北）にあるビーチ。ポットホール（円筒状空洞地形）という不思議な穴が空いた岩が見られます。

　今帰仁のすてきな砂浜をハシゴしたら、次には飲み食いしたくなるのが当然で、パンフからいくつか転載してみますが、ここにピックアップしたのはお店写真から個人的にビビビッときたというだけであって、紹介できなかったお店はごめんなさい。

cafeファームなきじん＝今帰仁村諸志の森の中にあるカフェ。自家菜園、有機栽培農家の野菜を使用。静かなひとときをお過ごしください。

ビーチロックビレッジ＝木の上にあるツリーテラス、目の前に広がるオープンテラスやソファラウンジでゆったりした時間を‥‥。

キッチンテラスCocoNel（ここに〜る）＝運天にある高台のレストラン。沖縄の自然を感じながら昔懐かしい洋食やイタリアンが味わえます。

御食事処　なーはー屋＝地元に愛される老舗食堂。レトロ感が懐かしい。昔ながらの沖縄の家庭料理が味わえます。ボリューム満点です。

手打ちそば　まんてん＝こだわりの自家製手打ち麺。地元のそば通にも人気のヨモギそばは、ヨモギをねりこんださっぱりとしたこだわりの一品。

うちな〜料理　たまい＝沖縄料理専門のお店。タイミングが良ければ、地元の漁師さんが釣った新鮮なお魚がその日のオスス

第4章　沖縄ルート

メメニューに！

お食事処　マリー＝赤いギンガムチェックのテーブルクロスが
かわいいお店。昔ながらの食堂といった感じで、ランチタイム
は地元客でにぎわっています。

炭火焼専門店　とり好＝素材にこだわった本格炭火焼き専門店。
琉球在来種黒豚「今帰仁アグー」が堪能できます。

民謡居酒屋　ちゃんぷるー＝毎夜、三線ライブが楽しめる居酒
屋。沖縄の素朴な家庭料理を食べながら今帰仁の夜を満喫して
ください。

今帰仁アグー料理一式　長堂屋＝今帰仁アグーの専門店。化学
調味料、添加物等を一切使わない、豚肉本来の旨さを堪能でき
ます。

昭和居酒屋　北山食堂＝昭和レトロな雰囲気の居酒屋。「今帰
仁の宿　ハイビスカス」に併設していて隣には「カラオケスタ
ヂオ　ハイビ」もあり、カラオケも楽しめる。

　〜古宇利島に伝わる伝説〜

むかし昔、古代の昔、天から神様の使いとして、ひとりの少年
が降りてきました。少年は森で動物と遊び、海で魚やイルカと
毎日楽しく遊んでいました。少年は成長するにつれ、動物や生
きものには相方（ペアー）が居ることに気づきました。少年は、
神様に「私にも話し相手、遊び相手をください」とお願いをし
ました。

　すると神様は、「少年よ、自分のアバラ骨をひとつ取り、好
きな物を作れ」と言いました。少年はその言葉を聞いてアバラ
骨で女性を作り、そこで男女のペアーが揃い、二人は神様が天

から落とした餅を食べ、森で動物と遊び、海で魚と遊び天真爛漫に暮らしていました。

　少し知恵がついてきた二人は「天からお餅が降ってこなくなったら困るから食べ残した餅を蓄えよう」と相談しました。すると不思議なことに神様は、天からお餅を落とすことを止めてしまいました。

　二人はびっくりして何日も何日もお祈りをしましたが、神様はその願いを聞いてくれません。二人は海に出て貝や魚を取り、森に出ては木の実や草花を取り働くことを覚えました。

　ある日、二人がいつものように浜で漁をしているとジュゴンが求愛の行為をしているところに出会いました。それを見ていて、今まで裸で暮らしていたことが恥ずかしくなり、お互いに"ビロウ"の葉で身体を覆いました。やがて、二人の間に生まれた子どもたちが琉球の島々に広がっていきました。

　古宇利島は、この人類発祥伝説から「神の島」「恋島（クイジマ）」と呼ばれ、"アダムとイブ伝説"に似た『ウミナイ、ウミキ』の伝説が今も語り継がれています。

〜貝殻はヤドカリのお家〜＝海に生息しているサンゴはもちろん、海岸に落ちている死サンゴ、ヤドカリ、貝殻、砂は持ち帰ってはいけないことを知っていますか？

　意外と浸透していないことなんですが、日本の法律で決まっていることなんです。きっと知らない方が多いお話しだと思いますが、海岸は、国で日本の「国有財産」として認識されています。これは日本全国の海岸に共通していることです。

　例えば、色んな人が砂や貝殻などを拾うことを許可すると、

230

第4章　沖縄ルート

どんどん減っていき、地形すら変わってしまうかもしれません
よね。

　また、成長するたびに大きな貝に移り住むヤドカリ。人間と
同じで究極の家を探し求める彼らも引っ越し先が減ってしまう
と家を探すのが大変なんです。

　最近ではペットボトルの蓋をお家にしているヤドカリもいる
とか‥‥悲。

　そして家が見つからないままだと身を守る物がなくなるので、
敵に襲われやすくそのうち死んでしまいます。貝殻を見つけた
ら、これはヤドカリのお家になるんだな～と思って、拾わずに
写真に残して思い出にしましょう。

沖縄県島尻郡伊平屋村(いへやそん)
北緯27度02分21秒　東経127度58分07秒
面積21km²　村人1120人　財政力指数0.09

　今帰仁の運天港からフェリーに乗るのですが、ありふれた船だと思って乗船したところ、素晴らしく心地よいフェリーでした。まず前方が開けて突出していて、自分自身がダイレクトに海をかき分けて進んでいるような気分になれるのですが、本当に気持ちいいのは後部デッキなのです。

　最後部までデッキが伸びていて、跳ね上がって固定された車両通路が真横から眺められるのですが、いざフェリーが走り出すと、スクリューがかき立てる白い泡が真下に望まれてすごい光景。

　複雑この上もない動きを見せる泡とエメラルド色の海水が渾然一体となってみごとな航跡を描き出す、その最初の誕生部分が連続して観察できるわけで、思わず飛び込んでみたい衝動に駆られました。伊平屋島に渡るフェリーに

は、自死願望のある人は、乗らない方が無難だと思います。

　前泊港について、すぐに村役場に走ると、裏がきれいなポスターになった観光パンフをくれましたが、あれはいいアイディアだと思いましたね。だってそのまま捨てられる運命のパンフレットが、少なくとも何人かの部屋で裏活用されるのだもの。A1サイズの大きなポスター（原風景の島伊平屋島　神々と伝説が息づく‥‥とのキャプション付きで実に素敵）が欲しくなってしまった人は、個別にお願いしてください。

　そのパンフにも「日本皇紀・琉球王朝のルーツ、神々と伝説が息づく島」と気合いを込めて案内されている伊平屋島ですが、あいにくと滞在時間が40分しかなくて見物できなかったと正直に告白してしまいましょう。だから見所を紹介できないのが残念ですが、コミュニティバスがこの時点では一日6本走っている伊平屋島、是非みなさんにはお泊まりで訪れて欲しいと思います。

　小さく見えても、実は周囲34kmもある島ですから、徒歩や自転車ではとても不便を感じるので、レンタカー、もしくは原付バイクや電動アシスト自転車の活用を観光協会では呼びかけています。ここでは原付バイクをレンタルしたとして、島の見どころを順番に紹介していきます。

　ちなみに四国九州ではかなり頻繁に出てきた釣りポイントですが、沖縄ではまったく紹介していないのは、あらゆる場所がそれらしく見えるからであって、現地の約束事を守った上で、各自お楽しみを。

伊平屋村 情報

伊平屋村歴史民俗資料館＝伊平屋の歴史と民俗について楽しく学べます。

虎頭岩（とらずいわ）＝前泊港の正面に見える、虎の頭のかたちをした大きな岩。

久里原貝塚（くさとばるかいづか）＝沖縄前期から後期の複合遺跡で、伊波式・萩堂式・大山式土器が出土しました。1982年県指定史跡に指定されました。

田名神社（だなじんじゃ・もとだなや）＝神行事、ウンジャミが行われる神聖な神社。

念頭平松（ねんとうひらまつ）＝樹齢およそ280年の息吹を感じる伊平屋のシンボル。木の高さ8メートル、最長幅28メートル、幹の太さは4.5メートルもあり、王者の風格さえ感じさせます。地面につくほどに伸びた枝々が美しい樹形をなし、見る角度で様々な表情を楽しむことができます。

クマヤ洞窟＝天照大神が隠れたとされる伝説の岩。江戸時代の学者、藤井貞幹が唱えた場所がクマヤ洞窟。岩の間の狭い入り口をくぐり抜けると、驚くほど広い空間が‥‥。静かでほの暗い洞窟の中は、心落ち着く神秘的な空間です。

久葉山（くばやま）＝クバ（ビロウ）の木が一面を覆い、独特な景観をもつ岬です。古くから神聖な場所とされ、灯台のある頂上からは360度の大パノラマ、沖縄本島だけでなく、与論島も見ることができます。

無蔵水（んぞみず）＝小舟で海へ出て戻らない夫の帰りを信じて、美しい妻が何年もその上で待ち続けたという大きな岩。海

岸の岩なのにいつも真水をたたえていると言われています。

ヤへ岩＝今帰仁の軍勢から島を守ったと言われる城石。

※島の北側海沿いを走るアッチャビシ線を通って、北緯27度線、オランダ墓、いへや愛ランドよねざき、野甫大橋経由で野甫島をひとめぐり、伊平屋島の田名島尻線に戻る。

田名祝女の馬乗り岩（だなのろのうまのりいわ）＝昔、祝女（ノロ）が馬に乗るときの台座にしたと伝えられる。

島尻の神アシアゲ＝神アサギは、首里からの祝女が休む場所で、8畳ほどの空間に昔ながらの茅葺きの屋根がついています。軒が極端に低いのは、外から祝女の顔が見えないようにするためと言われ、我喜屋のアサギが4本柱なのに対し、島尻のアサギは8本柱が特徴。

観音堂＝ウミンチュの航海安全を祈願。

屋蔵墓（やぐらばか）＝琉球王朝第一尚氏の先祖、屋蔵大主の墓。

我喜屋の神アシアゲ＝我喜屋の祝女殿内（ノロドゥンチ）の敷地内にある神アサギ。豊年祭の時は、この前で棒術などが披露されます。

片隈神社（かたくまじんじゃ）＝冬には寒緋桜が美しく咲く名所。

　以上、駆け足で伊平屋村の名所旧跡を紹介してみましたが、パンフレットのおすすめプランとしてはこの行程を2日に分けていますので1日ではきついのかも知れません。

　IHEYA Blue青の引力。風の音、波の音が心をピュアにしてくれる・・・・伊平屋島、本当にそうなのかはご自分の目と体で確かめてください。

沖縄県島尻郡伊是名村(いぜなそん)

北緯26度55分42秒　東経127度56分28秒
面積15km²　村人1241人　財政力指数0.10

尚円王生誕の地　琉球国の第二尚氏王統は、1470年から明治の廃藩置県（1897年）に至る409年間の長きにわたり琉球王朝を築きました。このような長期政権は、歴史上、江戸幕府をしのぐたぐいまれな政権であります。同時に、琉球国独自の文化が育まれ、伝統的に継承されてきました。

　第二尚氏王統の始祖尚円王（金丸）は、伊是名島の諸見で呱々の声をあげ、数々の伝説を残しました。金丸（北ぬ松金）が、この地を後にして王位に就くまでの一大歴史ロマンは広く知られています。

　第二尚氏王統の始祖尚円王は、伊是名島の出自で、また、三山を統一した尚巴志王の祖父鮫川大主は、伊是名城主だったと伝えられています。

第4章　沖縄ルート

　この島にも運天港からフェリーで渡るのですが、やっぱり滞在時間が一時間半くらいしかなくて、充分な取材ができそうにないのです。ともかく一番に村役場に行くと、ここには観光課もパンフレットもなくて、今来たばかりの港にあると言うではありませんか。それならとばかりに別な道を走って港に向かいましたが、沖縄入りして初めて、本格的なサトウキビ畑を見ました。

　見たというよりも、畑の中を自転車で突き進んでいくといった方がわかるでしょうか、ともかく視界全部がサトウキビで、本当に風に揺らめいて「ザワワザワワ」と音を発しているのです。たったそれだけのことだけど、生きてる！って感じがしましたよ。

　港の観光案内所の娘さんもそうだけど、それ以上の沖縄美人がその奥にあるカフェのおかみさんで、なんだか本州には絶対にいないまでの不思議な魅力を発散してましたなあ。ちなみにこのカフェでおいしいのは、トーストハムエッグです。

　周囲16キロほどのあまり大きな島ではないから、自転車でのんびりと外周道路をサイクリングするのはとても快適だろう、と思います。

　名勝もお祭りも多く、トライアスロンなども開催されるから参加するのもいいでしょう。宿泊施設なんかも充実していそうだから、本当は一泊してみたかったけれど、何しろ限られた予算と日程の中で沖縄に散在するすべての村を巡るという目的があるから、中途半端な報告になったことも許してください。

内花港からは伊平屋島行きの渡船がチャーターできるから、一日でふたつの島を訪問することも可能ですが、私みたいに突撃取材だとか、二つの島での釣果を競うなんて事情でもなければあまり意味がないかも知れません。

　余談ですが、那覇空港から直通で運天港までくるバスがあるから、日帰りでの伊是名・伊平屋めぐりも理論上は可能だけれど、そんな弾丸ツアーでなく、是非とも数泊づつして、のんびりと釣り三昧でもしてみたい両島でありました‥‥ではあまりにも島の魅力が伝わらないでしょうから、パンフとホムペ情報から、主な見どころをあげてみます。

伊是名村 情報

銘苅家住宅＝伝統的な木造古民家。周辺はサンゴの石垣とフクギ並木の伊是名集落散策がお勧め。

ギタラの風＝陸（アギ）ギタラ手前で、海ギタラや屋那覇島が見渡せる絶景癒しパワースポット！

アハラ御嶽＝伊是名島一番の聖地。その昔、天照大神がここに降りて世を明るくした伝説が残る超パワースポット！

神の岩座＝山から横に突き出した岩。まさに神様になったような気分になれる絶景のパワースポット！

伊是名城址／玉御殿＝世界遺産「首里王陵」に続く琉球王国時代の尚円王系統の陵墓。

ハートの珊瑚礁＝晴れた日の午後、潮位100cm前後に現れる。観れたあなたは恋愛運アップで超ラッキー。

伊是名ビーチ＝キャンプや海水浴が楽しめる。一年中夕陽がき

第4章　沖縄ルート

れいに見れるサンセットスポット！

シラサギ展望台＝日本の渚百選の二見ヶ浦海岸が一望できる絶景展望台。透明な海の底の珊瑚礁が美しい。

子宝の島＝城山とチジン岳が重なった奇跡のシルエット「妊婦の女神」

サムレー道＝銘苅家と城跡を結ぶ約2kmにわたる旧道です。サムレーとは沖縄の方言で「武士」のこと。

伊是名山森林公園＝休憩所からは、仲田、諸見、伊平屋島まで見渡せます。

尚円王通水節公園＝尚円王の乗馬像があります。

　今現在は平和そのものの伊是名島ですが、やはり戦火に巻き込まれずにはいられませんでした。

HP情報

戦時下の伊是名島＝本村は沖縄本島北部の海上に浮かぶ離島という地理的性格から、戦時下の本島における戦闘情報等は、村の一部、主に指導者層でのみ独占され、一般住民にはまったく知らされていなかった様である。そのため、本島への米軍上陸の報が村民公然の事実となったのは、約2ヶ月が経過した5月末頃であったといわれている。

　戦時中、村内5ケ集落を13班に分け、各班毎に警防団・国防婦人会、翼賛壮年団、在郷軍人会等の戦争協力の末端組織が整備され、村防衛隊の管轄下に置かれていた。また、伊是名国民学校においても、学校防護団が結成され、空襲時の避難訓練に加え「御真影」を安全な場所に退避する訓練も実施された。

当時の村民生活＝本村は戦前より水稲が盛んな米どころである

239

が、戦時中戦況が急迫し日本軍の沖縄移駐が開始されると、軍への食糧供出が求められるようになり、各戸収穫高に応じ県が査定した供出米が徴収されていた。ところが、昭和18 (1943) 年の一期米の収穫時に、県の技手及び駐在巡査により査定割合以上での供出強行がおこった。これに反発した村民は、全戸協力のもと村民大会を開催し、後日、収穫米の保有高を再計算したところ、技手と駐在巡査による不正が明らかとなり、是正される事案も発生している。これは当時の食糧不足を物語る一例であり、実際に戦時供出により保有米のほとんどを供出した一家9人の内、6人が栄養失調により死亡した例も確認され、行き過ぎた戦時協力による犠牲ともいえる。

　また、村民は毎日のように飛来するアメリカ軍機の急襲により、集落内に居住する危険から、集落後方の山中に防空壕を掘り、昼はその壕でモグラ生活を行った。夜間は敵機の来襲がほとんど無く、暗くなってから各自帰宅し、灯火管制の下、翌一日分の食事を作るなどした。食糧増産のため、蚕の餌である桑木の畑を芋畑へ置換し、家畜類は屠殺して近隣に分配し、塩漬けにして蓄えていた。特に鶏については、朝鳴きを敵機に察知される恐れがあるとして、早急に処分されたといわれている。

　一方、住民の戦争協力は食糧供出のみではなく、青壮年男子は隣村の伊江島へ交代制で赴き、飛行場建設に従事するなど、危険を伴う作業にも強制的に動員されていた。

戦災の状況＝昭和19 (1944) 年10月10日、アメリカ艦載機（グラマン）が大挙飛来し、那覇をはじめとした港湾施設や飛行場を急襲し、沖縄全域に亘って多大な戦禍を与えた。本村の上空にも飛来し、伊是名集落に所在した伊是名郵便局の無電塔

を破壊し、周辺の民家や石垣にも被害を与えた。更に伊是名国民学校近くに500kg爆弾が投下されたが、不幸中の幸いにも不発であった。一方、仲田港に停泊中であった村有船伊福丸は、機銃掃射を浴びるも船体に大きな損傷は無かったが、船員一人が犠牲となっている。しかしその後、伊福丸は伊平屋村我喜屋港に停泊中の昭和20（1945）年2月12日、空襲に見舞われ撃沈されている。

　その他にも、特殊任務を帯びた特務教員や敗残兵によって、スパイ容疑をかけられた住民やアメリカ兵捕虜の虐殺も発生している。

沖縄県国頭郡大宜味村(おおぎみそん)
北緯26度42分06秒　東経128度07分13秒
面積63km²　村人2964人　財政力指数0.38

　大宜味村役場を訪れ、観光課の職員に見所を聞いた時の答えが「道の駅」です、でした。れっきとした村役場職員で、しかもれっきとした観光課に所属していながら、見所が道の駅とは、あまりにも無知無定見ではないでしょうか。

　確かに東京からわざわざこの村を取材に来る人はいないかも知れないけれど、少なくとも観光課の職員ならば、どんな状況下でも即座に5カ所程度のおらが村のみどころをあげられなければ駄目でしょう。私がほとんど事前の情報なしで現地を訪れるのも、現地の現在の状況を大事にしたいからであって、こりゃ駄目だと思いましたね。

　だからこの村はこれだけで終わりにしようと思ったのですが、付け足しのようにくれたパンフレットを見れば、どうして中々見るところがいっぱいあるじゃないですか。

第4章　沖縄ルート

　中でも村役場から徒歩5分の場所にあるという、大正時代にコンクリートで作られた旧役場庁舎は、古くて情緒のある建物好きな私としては、是非とも見たかったですね。だからこそ、観光課の職員さんは、常日頃から自分の村の見所を10カ所くらいは即答できるように心がけておいて下さいね。

　と、「旅好家とめぐる日本183村・前編」ではここで話が終わっているのですが、この南日本編は村情報が満載、と謳っているので**パンフレット**から見どころをピックアップしてみました。

大宜味村 情報

長寿の里＝『生涯現役』仕事も遊びも一生懸命。健康で元気、仕事やスポーツ、レクリエーション等、様々なかたちで地域に貢献する。それが「健康長寿村」大宜味村のお年寄りたちです。恵まれた自然と食生活、相互扶助の精神と自立心の強い社会生活等、バランスのとれたライフスタイルが長寿の里に結びついているのです。

喜如嘉の伝統工芸・芭蕉布の里＝昔から大宜味村の伝統のひとつに、村の女性たちが作る芭蕉布があります。特に喜如嘉産は評価が高く、今も多くの女性が共同で作業し、昔ながらの工程を受け継ぎ、伝承しています。戦後は需要も少なく衰退していましたが、喜如嘉の多くの女性たちの情熱と努力で、徐々に復活し、国の重要無形文化財に指定され、平良敏子さんが人間国宝に。

243

緑の宝石・シークワーサーの里＝緑豊かな石灰岩地質の山々でシークワーサーは栽培され、夏には青切りシークワーサー、冬にクガニと独特の甘酸っぱい味の変化を楽しむ事ができます。また、美容と健康、長寿の源として専門家も注目するパワーも秘めています。

ぶながやの里＝自然と平和を愛する精霊『ぶながや』が棲む大宜味村の山や川には、数多くの貴重な動植物が多く見受けられ、近年ではエコツーリズムの拠点として県内外からも注目されています。人と人との『絆』や、人と自然の『調和』を考え、慈しみの『心』が息づく大宜味村で、あなたも"ぶながや"と出会ってみませんか。

やんばる酒造＝「モロミの熟成が納得いかなければ決して蒸留させない」というこだわりを持つ酒造。

芭蕉布会館＝芭蕉布製品の展示、販売や製造工程のビデオの上映、芭蕉布伝統工芸従事者の研修など。

喜如嘉田園に咲くオクラレルカ（アイリス）＝アヤメ科アヤメ属で別名アイリス。毎年4月頃薄紫の花と濃い緑の葉があざやかで見る人を楽しませてくれます。

喜如嘉板敷海岸の板干瀬＝砂浜に沿っておよそ1kmにわたって板を敷いたような岩。ビーチロック、沖縄では板干瀬（いたびし）と呼んでいます。

旧大宜味村役場庁舎＝大正時代のコンクリート造りの建築物としては県内に現存する唯一のもの。

石山展望台＝西海岸、東海岸が見える絶景スポット。日の出や、星空観察にもオススメ。

猪垣（ヤマシシガキ）＝主食のイモや作物を守る為に猪垣を築

き、ヤマシシの侵入を防いだ。

塩屋湾のウンガミ＝塩屋湾内の集落で行われる、ニライカナイの海神を迎えて豊漁豊作を祈る神事。

大宜味ふるさと観光レディ・サンバ宮城姉妹（歌う琉球サンバユニット）や、大宜味ふるさと観光大使・アイモコ（音楽と自然を愛する夫婦デュオ）なんてグループもいたりしますが‥‥。

沖縄県国頭郡国頭村(くにがみそん)

北緯26度44分44秒　東経128度10分41秒
面積194㎢　村人4418人　財政力指数0.20

　ヤンバルクイナの生息地として名を馳せる国頭村は、沖縄本島の最北端にあって、総面積は194キロ平方、村土の大部分が山林原野で占められている自然豊かな山紫水明の村であります、とパンフレットにある国頭村の辺土名バスターミナルに着いた時には、もうとっぷりと日も暮れて、心細いこと限りなし。

　バスターミナルというからには、休憩所やトイレ施設もあるだろうから、最悪の場合はそこでテントを張ろうと思っていたけれど、実際には折り返しのためのやや広い土地があるだけの辺鄙な場所でした。

　商店はかなりあるけれど、宿屋が廃業していたりで、本当に浜辺でテントになるかと思った時、国頭ホテルの看板が目に飛び込んできました。さっそく当たってみると、さ

第4章　沖縄ルート

いわいキャンセルがあって部屋がひとつだけ空いているとのこと、ハブを恐れながらの野宿にならなくてひと安心。

　辺土名は村の入り口にあって、北と東にずうーっと広がっている国頭村だから、とても自転車では回りきれないし、村役場の写真は撮れたから良しとしましょう。時間的に余裕があれば、自転車で走り回ったり、コミュニティバスで奥（こういう地名の場所がある）まで行ってみたかったけれど、もしも車で来る人がいたら、是非ともヤンバルクイナや他の貴重な生き物を轢かないように注意して走ってくださいね。

国頭村 情報

ゆいゆい国頭（物産観光センター・やんばる3村観光連携拠点）
＝やんばる3村の観光情報を案内する観光案内所や地域食材を活かした飲食店舗が5店舗、農作物や木工工芸品および水産加工品なども販売。

山原野生生物保護センター　ウフギー自然館＝やんばるのユニークな自然と生きものの魅力とヒミツを楽しく工夫した展示で紹介しています。

比地大滝＝落差25mの比地大滝は沖縄本島内でも最大を誇り、大滝までの徒歩40分の道のりには遊歩道が整備され、のんびり歩きながらやんばるの自然を楽しむことができます。キャンプ場も整備。

国頭村森林公園＝イタジイの木々に囲まれた森林公園は、約3kmの林間遊歩道が整備され野鳥のさえずりや四季折々の植物を

247

楽しむことができます。バンガロー、樹上ハウス、キャンプ場、おもちゃ美術館あり。

与那覇岳登山道（森林セラピーロード）＝森林セラピー基地として沖縄県で唯一認定された国頭村。大自然の恩恵を受けながら歩く森林セラピーロード（与那覇岳登山道、比地大滝遊歩道、森林公園遊歩道、ネーチャートレイル）で、心と身体にやすらぎと癒やしを。

茅打バンタ＝高さ80mもある断崖が東シナ海へ向かって切り立っており、やんばる国立公園の海を眺望できる景勝地です。

辺戸岬＝太平洋と東シナ海の荒波が打ち寄せる沖縄本島最北端の岬であり、荒涼とした断崖からは、水平線上に与論島が望め、かつての祖国復帰拠点として知られています。

ヤンバルクイナ展望台＝高さ11.5mと村の鳥をモチーフにした展望台であり、辺戸岬等の雄大な景勝地を望むことができます。

辺戸蔡温松並木保全公園＝蔡温とは土木とあらゆる分野に才能を発揮した琉球史に残る人物で、この松並木の保全を目的に整備された公園は集落間を利用した散策路を特徴としています。

大石林山＝辺戸岬近くの神秘的なカルスト台地で、巨大なガジュマルや熱帯植物を眺めながらのトレッキングが楽しめる。バリアフリーコースを完備しており、お年寄り、車椅子の方も安心して利用できます。

奥ヤンバルの里＝奥集落の生活誌資料が展示された交流館と沖縄の伝統的民家風様式を取り入れた宿泊施設が奥川を挟み向かいあう形となっており、集落と共に周囲を山々に囲まれた環境は、利用者自身が地域の中へ溶け込んでいける雰囲気となっております。

ヤンバルクイナ生態展示学習施設＝国の天然記念物「ヤンバルクイナ」の生態が見れる施設です。本村はヤンバルクイナ保護活動を実施しており、生態を展示し公開する事で、保護の普及啓発を行います。

やんばる学びの森＝ヤマシシコースは鬼太郎ハウスや17mのタワー、吊り橋があり、動植物観察など亜熱帯の森を楽しむことができます。ダム湖面を利用したジャングルカヌーも実施。宿泊施設やカフェラウンジも併設。

国頭村森林散策路＝一周1.5㎞、幅員3.5mのコースで適度にアップダウンもあり、天然芝の走りやすいクロスカントリーコースです。トイレ、シャワーも完備し、冬場は実業団の選手を中心にトップアスリートも利用。

よんな～館＝琉球の原風景を残す与那集落は、山・川・海に囲まれた自然豊かな地域で、その中の「よんな～館」では、時間がゆったり流れる"よんな～タイム"を味わえます。宿泊しながら集落散策、野草摘み、川遊びなど自然と結びついた暮らし・文化を楽しめます。

沖縄県国頭郡東村(ひがしそん)

北緯26度38分00秒　東経128度09分25秒
面積81km²　村人1583人　財政力指数0.13

　ここまですいすいと書き進んできているけれど、実際にはバスでの各地探訪はかなり大変で、どう大変なのかに少しだけ触れてみます。

　まずバス路線としてはかなり充実していて、ほぼ全島にわたってバスだけで訪れることが可能だということが言えるでしょう。那覇バスターミナルで貰える路線図を見ると、行き先からたどってバス番号がわかりますから、その乗り場で待てばよいのですが、稀に急行なども混じっていますからご注意を。

　沖縄全島に張り巡らされたバス路線ですが、大宜味、国頭、東村のいわゆるやんばる三村に限っては、西海岸沿いの中途半端な辺土名まで通じているだけで、あとはまったくの空白地域となっているのです。色別に走っているバス

第4章　沖縄ルート

路線が印されていない地図は、かなり空しくて、なんだか可哀想になってしまいましたが、それが現実であればそれなりに対応するしかありません。

　帰りの国頭からの帰りのバスで運ちゃんに聞いてみると、途中停留所の大兼久か白浜からの東村経営のコミュニティバスで行くしかないとのことでした。まだそこまで戻ってもいなかったので、バスを降りてコミュニティバスに乗りかえるという方法もありましたが、私は名護まで乗り続けました。バスの運ちゃんを疑うわけではないけれど、情報はより確かな方が良いわけで、名護バスターミナルで聞いたのですが、あいにくまったくわかりません。

　そこでまた同じ道を戻りましたが、問題はどちらのバス停でコミュバスをつかまえられるかで、時刻表もないので悩んでいたところ、手前の大兼久にバスがあればそこで下車すればよいし、そこに止まっていなければその先の白浜まで乗った方が良いだろうとの運ちゃんの提案が図星だったのです。

　白浜で確かめてみると、次のバスまで30分待ち程度の11時47分発でラッキーでした。だって第1便は8時発で、国頭からの帰りのバスで降りたとしても、同じ第2便まで待つ羽目になったからで、しかも今回は那覇BTに自転車を置いてきているという身軽ないでたちなので余計に身も心も軽いのでした。ちなみに折りたたみ自転車は、バス停の柵にチェーン錠で縛り付けたのですが、誰にでもお勧めできるというテクニックではありません。

　路線バスからも見放されたくらいだから、さぞかししょ

ぼくれた村落だろうと見当をつけていった東村でしたが、どっこいなかなか開けたところでびっくりしました。有名なところではゴルフの宮里三兄弟の出身地であり、パイナップルの生産量は日本で一番だとの話もありました。ここは修学旅行の受け入れ先としては先駆的役割を果たしたが、今は他の自治体もマネするようになって、今では民泊や山村留学に活路を見いだそうと努力しているとは村役場職員の話。

波静かな湾内や、いくらか遡った河でカヌー遊びをしている高校生達もいっぱいいましたが、驚いたのはマングローブがいっぱいなことです。熱帯の島特有のマングローブ樹が川岸にびっしりと生えていて、気分はすっかり南洋気分ですが、それもそのはずで、ある場所ではここでいうところのヒルギ畑まで作られていて、国指定の天然記念物でもあるヒルギの北限だから、余計に力が入っているのだろうと推察されます。

他にも見所はあるけれど、3種類もあるというヒルギの根っこが露出している河岸を見るだけでも、東村訪問の意義があったと大満足で帰路につきます。帰りは大兼久行きだったから、名護までのバス代がいくらか安かったけれど、それにしてもいずれのコミュバスも無料とは、なんだか申し訳ないような東村訪問でした。(コミュバスはルート、時間共に要確認)

第4章　沖縄ルート

東村 情報

新川ダム＝二級河川の新川川に昭和52年3月、沖縄初の重力式コンクリートダムとして建設された。周辺の自然は手つかずの状態で残され、数多くの野鳥を観察することができます。

福地ダム＝県下最大の福地ダムの周囲には展望台や遊歩道があるので、山原の豊かな自然を肌で感じながら、のんびり散歩が楽しめる。

サキシマスオウノキ＝福地川の河口から800mほど上流の左手の国有林界にあり、樹高18m、胸高周囲2.9mで、地上から1m余のところから大小15枚の板根がみごとな流線型をなしている。同種の中では沖縄本島で最も大きい。

山と水の生活博物館＝福地川沿いにある博物館。ヤンバルの森を再現したジオラマ、鳥類の剥製、かつての暮らしや山での仕事の様子を紹介したパネルや写真、ジュゴンの骨格標本など、幅広い展示内容で東村を紹介。

福地ダム自然観察船＝ダム湖岸に広がるやんばるの自然を間近に見ることができる船。支流の近くまで入ることが可能で、これまで見ることのできなかった珍しい眺めや、生きものの姿に出会える。環境を考慮し、岸に接近して観察するときには電動モーターを使っている。

福地川海浜公園＝やんばる東村の静かな立地に誕生したビーチ。海水浴、各種アクティビティ（バナナボート、シュノーケル、シーカヤック他）BBQ、デイキャンプ。

東村文化・スポーツ記念館＝東村が輩出したプロゴルファーの宮里3兄妹をはじめ、日本国内・外で活躍する多くの文化人・

スポーツ選手の人材に関する展示品等を鑑賞することができます。

東村特産品加工直売所＝東村のお土産処。パイナップルをはじめ、ジャムやソースなどの農産加工品、ハーブ製品、天然水などを販売。レストランも併設。

慶佐次湾のヒルギ林＝慶佐次川河口から上流に向かって発達したヒルギ林。ヒルギ類は、熱帯から亜熱帯の海水と淡水が混ざり合う河口近くに生える植物で、マングローブ林の中心になるもの。ここではメヒルギ、オヒルギ、ヤエヤマヒルギの3種が見られる。なかでもヤエヤマヒルギは、ここが分布の北限。

東村ふれあいヒルギ公園＝都市との交流を促進するため慶佐次湾のヒルギ林周辺に整備された公園。ヒルギを間近で観察できる木道や展望台が設けられている。カヌーによる自然観察ツアーが大人気。

オガタマノキ＝宇有銘の神山御嶽にあり、高さ約15m、幹回り3m、樹冠約17mという堂々とした巨木。「招霊（おきたま）の木」が転じたともいわれ、日本では古くから神社によく植えられる。

第4章 沖縄ルート

沖縄県国頭郡宜野座村(ぎのざそん)
北緯26度28分54秒　東経127度58分32秒
面積31km²　村人6060人　財政力指数0.29

　ここをグルメ村というと大げさかも知れないけれど、それなりに充実していそうなことは確かみたいです。みたいだというのは、実際には訪れて自分で食していないからで、そんな気になってしまったのは村役場で136ページもある小ぶりな宜野座手帖をくれたせいなのです。

　何度も書いている通り、村役場を訪れて観光課職員から話を聞き、あればパンフレットをもらってくるという条件を守って取材旅行を続けている中でも、これほどまでに分厚い観光紹介ブックは宜野座村にとどめを刺すのであって、敬意を表して食べるページから謳い文句だけを抽出してみました。

宜野座村 食 情報

本格洋食カフェのご褒美ランチに舌鼓

ガーデンテラスから覗く、南国の風景を見ながら極上ランチ

衝撃のメガ天ぷら!腹ぺこでメンソーレ

お膳の上に揃う「美味しい沖縄」の饗宴

お値打ちステーキでパワーチャージ

養殖場ならではのプリップリ活き車えび

広島産牡蠣と、海人（漁師）店長自慢の新鮮魚介を豪快に炭火焼きで！

素材の旨味たっぷり、そばを召し上がれ！

ふんわり新食感の麺がやみつきに

海を眺めながら民家で味わうそば

宜野座村民が集う地元に愛された食堂

アットホームな空間で優雅なランチタイムを

森の中でひと休み、彩り豊かな贅沢ランチ

無添加ソフトクリームの濃厚なミルクの味わい

自然素材にこだわった素朴な田舎風のパン

100％宜野座産の黒糖があるって知ってましたか？

懐かしくって新しいちょっと特別なおやつ達

ふんわりパンとフリードリンクでひと息

美味しい理由＝生産者のこだわり＋料理人の素材への想い。

お酒のおともに絶品島ぐぁー料理

家族で楽しめる本格和食の海鮮居酒屋

集いの真ん中にある心のこもった「旨いもの」

旨い料理とお酒に集う、ゆんたく処

第4章　沖縄ルート

真心の詰まった彩り豊かなお弁当

家庭料理の温もりがたっぷり！

みんなの健康を願うヘルシー弁当

上手に引き出された素材の持ち味

ふんわり優しいポーポーでひと休み

その場で揚げるからアチコーコー

宜野座のしずく＝水がとても豊富な宜野座村の天然水を仕込み、さらに黒糖酵母を使用しているので、まろやかな風味と優しい味わいの特別な泡盛となってます。

海ぶどう＝深緑色をした宜野湾養生の海ぶどうは、ぷちぷちっとした食感とともに磯の香りが口いっぱいに。

じゃがめん＝ジャガイモを沖縄そばの麺に練り込んだ「じゃがめん」は、遠くから買いに来る人がいるくらいのヒット商品。

純黒糖＝栽培から釜炊きによる黒糖作りまで、100％宜野座産の純黒糖。一番搾り製法を用いて、雑味の少ない上質な味わいに仕上げています。

ジャム＝宜野座産のフルーツを加工して作ったジャム。パッケージも可愛らしいジャハは、季節を問わず色々な組み合わせのフルーツが堪能できます。

減塩みそ＝健康にこだわり、塩分をおさえたみそは、村特定物産推奨品にも認定されるほどの人気商品。

　以上が食のページからひろった食べ物とお土産のキャッチコピーですが、ポーポーてなんだ、アチコーコーてなんだ、じゃがめんてなんだ、なんて気持ちに引っかかりができた人は、もう行くっきゃないでしょう。

257

ついでと言ってはなんですが、宿泊施設もかなり充実しているみたいで、同じように目についた惹句をあげてみます。

セカンドハウス感覚で暮らすように過ごす旅
緑と静寂に包まれた丘の上の小さなホテル
じいじのアイディアでコンテナを大改造
遠く伊計島を望む抜群のオーシャンビュー
「農林漁家民宿お母さん100選」に選ばれた宿
テラスから降りると目の前はプライベートビーチ
透き通った満点の星空は圧巻です
静寂の海で幻想的な夜をお過ごしください
ファミリーでのご利用にオススメの一戸建てタイプ
隠れ家的ペンションをお探しの方に最適です
BBQに夜の花火、広い芝生の庭は自在の使い方
南国の花やフルーツに囲まれて過ごす休日を
本格的な厨房機器を完備、料理好きに嬉しい
全室オーシャンビュー、おとなのプライベート空間

　実にバラエティーに富んだ、よりどりみどりの感動体験ができるのも、宜野座村の大きな魅力になっています。ここでは項目だけ紹介しますから、興味をそそられた人は観光協会までお問い合わせを。

沖縄そば作り／手作り漆喰シーサー作り／うちなースイーツ作り／沖縄島ぞうり彫り／本格三線お稽古／オリジナルウッド三線作り／チョークアート／天空の城きゃりーダムダム／フォトフレーム作り／船釣り／カヤック／ウエイクボード／ダイビング／ハーリー／海ぶどう摘み取り／リーフ磯釣り／パインジャム作り/サトウキビ刈りと黒糖作り／乗馬／バナナボート／シュノーケル／リボンストラップ作り／ SUP（スタンドアッププパドルボード）etc.etc。

　最後にひとつ、これから結婚式を挙げようとしている若い（若くなくてもいいけど）カップル向けの素敵な情報です。一時ハワイでの挙式が流行った時期があって、私自身も親戚関係でお呼ばれしたこともありましたが、今は円安もあり、アメリカ本土と同じ物価高もあり、しかもチップまで出さなければならないのですから、昔とは比べものにならないほど費用がかさみます。それくらいならば、沖縄でどうぞ、という程度の軽い気持ちで勧めてますから、選択肢の一つにしてもらえばよいでしょう。

ザ・ギノザリゾート美らの教会＝東海岸から太陽光が降り注ぐガラス張りのチャペルに、輝く琉球ガラスのシャンデリア。温かなホスピタリティで新郎新婦の特別な1日をサポートしてくれる。プレパーティーではビーチフォトを楽しんで一生の思い出を残そう。

沖縄県国頭郡恩納村(おんなそん)

北緯26度29分51秒　東経127度51分13秒
面積50km²　村人11359人　財政力指数0.60

　恩納村の村役場は、これでも村役場ですか？と驚くくらいに立派で、おそらく財政がよっぽど潤っているのだろうと想像されたが、その予想が正しかったことはすぐに証明されます。

　ここでの見所は、役場の人も一番にあげた満座毛ビーチからの夕焼けですが、もう陽もとっぷりと暮れ落ちていて、バス停にくくり付けた自転車のチェーン錠を外すのも一苦労。

　暗くなったルート58を、スピードオーバーの警告音を無視してバスは素敵に飛ばすのですが、このいわゆる「おんなサンセット海道」のにぎやかさが半端ではないのです。世界中の有名どころのホテルが林立し、松明をいっぱいかかげた飲食店が大繁盛していて、ここはハワイなのか？

　北に行く時には路線バスが高速道路を走ったからわから

第4章　沖縄ルート

なかったけれど、今どき不景気な場所なんてどこぞにあるのかね、なんて繁盛ぶりは、はたしていつまで続くのでしょうか。

この取材時から、あの大騒ぎのコロナ禍を挟んでいますから、現状は様相が違っているかも知れませんが、とりあえずその時点ではこんな繁昌ぶりだったということで、海沿いに展開するホテル群を紹介します。

恩納村　ホテル　情報

沖縄かりゆしビーチリゾート・オーシャンスパ＝目を閉じてもそこに感じる癒やしの場所をコンセプトに海・川・森の自然あふれる約8万坪の広大な土地を持ち、マリンブルーの海でマリンスポーツ、かりゆしの森でフィールドスポーツを楽しみ、東シナ海を望むガーデンプール、大浴場、ブロアーバスのスパゾーンやエステティックサロンも充実のリゾートホテル。お食事はライブキッチンが自慢の和洋中ダイニングをはじめ、豊富なレストランで沖縄郷土料理から和食・洋食・中華・BBQまで。
スパリゾートエグゼス＝贅沢な寛ぎの時間をお過ごし頂く為、極上のおもてなしで皆様をお迎えします。レストランでは、地産地消を目指し、太陽の恵みを浴びて育った島野菜や新鮮な魚介類等、食材本来の味わいを引き出した料理をお届け致します。エステでは、100％ピュアなアロマエッセンスと、セラピストによる最高のトリートメントで、やすらぎの時をお楽しみください。
海の旅亭おきなわ名嘉真荘＝旅と食を楽しむ沖縄初の和の旅亭

261

です。本格的な和風懐石料理には、厳選された沖縄と北海道の食材が融合します。心和む空間をしつらい、旅館ならではの素足でまわれる館内は、馴染みの別邸に訪れたかのような佇みとなっています。

ジ・アッタテラス　クラブタワーズ＝南の島の亜熱帯の緑、木々のこずえを吹き渡る夏の風、インフィニティプールをシャンパン色に染める夕陽が極上の休日を演出。プールサイドダイニングでは、ホテル自家菜園で収穫された島野菜やハーブをアッタスタイルの美食に変えてご提供し、ユニークなカルチャープログラムやリゾートゴルフで滞在を彩る大人の隠れ家リゾートをご提案。

ホテルみゆきビーチ＝ホテル周辺には、自然体験施設、手作り体験施設、ゴルフ場、パワースポット、ダイビングスポット、釣りスポットが豊富にあり、サイクリングやジョギングにも適した場所。また、サンセットスポットとしても知られています。当ホテルの客室は全室オーシャンビュー、窓を開ければエメラルドグリーンの東シナ海が一望でき、潮の香りと心地よい海風で癒やされます。

オリエンタルヒルズ沖縄＝恩納の森の小高い丘、緑に囲まれた2万㎡敷地にわずか14室という贅沢さ、全客室の窓からオーシャンビューが広がり、それぞれに日本最大級のプライベートビーチを備えたオールラグジュアリースイートのホテルです。那覇空港よりホテルまではホテル専用車にて送迎サービスを行っております。

ANAインターコンチネンタル万座ビーチリゾート＝景勝地・万座毛の対岸に位置し、美しい海に囲まれた絶好のロケーショ

ンを誇る大型リゾートホテル。豊富なマリンアクティビティや多彩なレストランはもちろん、タラソセラピーサロンや大浴場などの館内施設も充実。

リザンシーパークホテル谷茶ベイ＝沖縄でイチバン大きいオンザビーチのホテル、毎日が街のように、にぎやかで楽しいリザン！白浜が続く800mの天然ビーチが目の前！沖縄海岸国定公園に位置する贅沢なロケーション、オーシャンビューを望めるスイートからスタンダードまでの多彩なお部屋をご用意、和洋中BBQに焼肉など多彩なレストラン、夏のイベントや温水プール、マリンスポーツも充実、お得な宿泊プランがお勧めです。

シェラトン沖縄サンマリーナリゾート＝白亜のピラミッド型のホテルでバルコニーよりの東シナ海も絶景。バスルームは洗い場付のゆったりとしたサイズ、全室Wi-Fi（無料）も完備、広大なビーチにはゆったりとした遊泳エリアと多彩なマリンメニューをご用意、マリーナには大型クルーザー、プールにはウオータースライダー（130㎝以下不可）を完備しております。エステ、手作り体験コーナー等、滞在型リゾートにておもてなしを致します。

カフーリゾートフチャク　コンド・ホテル＝高台に位置するリゾートホテルで、全てのお部屋から海の見えるオーシャンビューに加え、平均70平米の広いスペースが寛ぎの時間をお届け、スパニッシュ×イタリアンのメインダイニングと、離れにある創作日本料理の無垢。多彩な料理と、ドリンクをテイクアウトも出来るお手軽なデリなど充実のレストランに、ショップや屋外プール。

ホテルモントレ沖縄スパ＆リゾート＝沖縄有数の天然ビーチ

"タイガービーチ" に面して建つ、全339室オーシャンビューの
ホテル、約1万坪の敷地にはリゾートのあらゆるニーズに応え
る施設が充実、また、全16席のプライベートな空間で楽しむ
鉄板焼きや洋食のフルコース、日本料理、ビュッフェレストラ
ンなどバリエーション豊富なレストランは、宿泊ゲストだけで
なく幅広い用途でお楽しみいただけます。

ホテルムーンビーチ＝三日月型のビーチと自然に包まれる開放
感。マリンアクティビティ・レストラン・MB社ラリーのリゾー
トアート‥‥。ホテルムーンビーチの風は、他にない気分を運
びます。

かねひで恩納マリンビューホテル＝お部屋のほとんどが広々と
した和洋室タイプ、最大58㎡もあるので、ご家族やお仲間とゆっ
たりと寛げます。和室スペースではごろんと横になったり、小
さなお子様が走り回って遊んだりと使い方は自由、海側のお部
屋からの眺めは絶景！東シナ海が水平線まで見渡せます。

デザイナーズリゾート　なかどまinn＝南国の癒やしプチリゾー
トホテル「なかどまinn」は、立地の良いペンションタイプの
ホテルです。オーナーこだわりのインテリアで南国リゾートの
暖かな雰囲気が演出されており、ホテルに戻ってきてもリゾー
ト気分を分断されることなくお過しいただけます。1階の沖
縄ダイニング「我空我空」では、おいしい創作料理や民謡ライ
ブも楽しめます。

ホテルサンセットヒル＝西海岸リゾートエリア恩納村の高台に
建ち、全室ミニキッチン付の広々とした和洋室のお部屋をご用
意、バルコニーからは沖縄の「青い空・青い海」を一望するこ
とができます。バルコニーでのバーベキューは当ホテルの人気

メニューとなっております。高台の心地よい風と共に、開放的なひとときを。

ルネッサンスリゾート　オキナワ＝恩納村の南端に位置するビーチリゾート。全室オーシャンビュー、シュノーケリングやダイビングなど30種以上のマリンスポーツやチャータークルージングほか、各種アクティビティが充実。鉄板焼きやブッフェ、海上バーベキューなどの10カ所のレストラン＆バーやタラソテラビーチサロンなどの施設も揃い、リゾートステイを満喫できます。

ベストウェスタン沖縄恩納ビーチ＝真栄田岬近くに建つ隠れ家的リゾート。時間とともに色鮮やかに変化する海を一望できる全客室オーシャンビュー。波の音色が、ゆっくりと心地良い時間を演出します。スダンダードルームは全部屋シンク付、お化粧後の手洗いや、洗い物にご利用いただけます。4部屋限定のデラックスルームにはキッチン付で長期滞在の方にもおススメです。

ペンション美留＝海と緑に囲まれた贅沢なリゾートライフが過ごせるペンション。海岸線を間近にアットホームな空間で寛げます。真栄田岬、残波ビーチに近く、海を満喫するには好立地のペンションです。子ども料金が定額なので、ファミリーでのご利用がおすすめです。長期滞在、宿泊研修などでもご利用できます。周辺にはパン屋、居酒屋、ファミレス（ペンション1階）もあり便利。

　村役場の職員さんは勧めてくれませんでしたが、恩納村にはもうひとつ、見逃すことのできない場所があって、それが「まるごと沖縄体験・琉球村」です。

私はある1日、キャッチコピーにもあるように、まるごと1日琉球村をエンジョイすることにしました。交通の便はかなり良くて、那覇BTから路線バスがいっぱい出ています。

　琉球村についての情報はまったくなかったので、こんなかなあと想像していったのですが、想像と合っていたのはハブとマングースの戦いだけで、後はまったく外れていました。といっても、悪い方に外れたのではなく、素晴らしい方への間違いだったのです。広い園内には、沖縄各地から移築した民家や邸宅が散在しているのですが、それらの中には築後200年以上経っている家もあって、かなり見応えがあります。

　園内中央広場では、道ジュネーやエイサー演舞、棒術の技術披露などがあって楽しめますし、あちこちの家で島唄ライブがあったり沖縄の踊りがあったりで、行き当たりばったりのハプニングも楽しみです。楽しみといえば、体験プランもいっぱいで、その一端をご紹介してみましょう。

当日持ち帰り体験
サンゴランプ／海のなかまたち絵付け／紅型色差し／時計作り／サンゴのフォトフレーム作り／シーサーオブジェ作り／天然石ブレスレット／光るホタル石ブレスレット／ジャーポットガーデニング／オリジナルシーサー色付け／簡単沖縄衣装／Ｔシャツ／ジェルキャンドルなど。
後日郵送＝手びねりシーサー／手びねりミニシーサー／陶芸絵付け体験（教訓湯のみ）／玉獅子絵付けなど。

第4章 沖縄ルート

沖縄県島尻郡粟国村(あぐにそん)

北緯26度34分56秒 東経127度13分38秒
面積7.65km² 村人646人 財政力指数0.10

　トマリンの愛称で親しまれている泊港を出た頃には、那覇の空からは景気よく雨が落ちて来て、視界がまったくきかなくなっていました。それが大げさでない証拠には、海をかすめるようにして空港に降りようとした飛行機が、あまりの悪天候に着陸をあきらめて上昇していったことでもわかりますが、あの飛行機は何度目かの挑戦でうまく降りられたのでしょうか。

　この船には高校生が30人ほど乗っていたので、伊是名便みたいに大さわぎになると覚悟していたら、案に相違のみんなでグーグー高いびき。港に着くと、お出迎えの横断幕に「**修学旅行お帰りなさい。九州で吸収してきたかい？**」

　粟国村役場には観光パンフレットが一枚きりで、港の観光協会にはもっと用意してあるというが、どうせ帰りに寄

るのだからとチャンポンでお昼にしました。

　腹ごなしのつもりで走り出しましたが、この島のアップダウンのきついことと来たら、ヤワな観光客が電動自転車を借りても登り切れないだろうくらいの急坂があって、かなり往生しました。

　それでも鍾乳洞までいくとおじさんがいて、問わず語りに話すには、200年も前に那覇で問答に負けた僧侶が島流しのようにこの鍾乳洞に押し込められ、その生涯を閉じた場所だとのこと、道理で怨念みたいな空気がこもっているはずでした。

　粟国島の道路には緑色のラインが引かれていて、それをたどっていくと名所旧跡を訪れることができるのですが、また別な急坂があるかと思うとぞっとして、見当でサトウキビ畑を突っ切っていくと、うまい具合にマハナ展望台の灯台の真下に出られました。

　ここからの見晴らしは絶景で、切り立った断崖絶壁の縁まで行けばスリル満点ですが、やっぱり自殺願望の人は行かないように。

　岬のカフェでコーヒーブレイク、なだらかな坂を快適に下っていたら、途中の東ヤマトゥガーを通り過ぎてしまい、大汗をかいてまた上りました。だけど苦労した甲斐があって、せまい岩が切り立っているそこは玄妙な雰囲気で、これをパワースポットというならそうなのだろうなあ、と納得させられたのでした。

　この島では、1999年公開の「ナビィの恋」という映画が撮影されていて、その舞台ともなった海辺のテラスを楽し

みにしていたのですが、見るも無惨に崩れ落ちていて通行禁止になっているではありませんか。村の財政規模がどれくらいか知りませんが（後で調べたら直近で0.1でした）、あんなテラスを直すのにさほど莫大な費用もかからないのだろうから、有力な観光地として修理したらいかがでしょうか。

　ちなみに「ナビィの恋」は、切ないラブストーリーですが、相思相愛の二人が老人同士という設定が斬新です。この二人には当然ながら若い頃があり、村一番の美人だったナビィは、サンラー（三郎）という若者と恋仲になりましたが、占い師の予言で仲を引き裂かれ、サンラーは島を出て外国に行ったという噂。

　そんなサンラーが白い夏スーツの紳士然とした格好で60年ぶりに島に帰ってきたから大変、周囲のみんなを巻き込んでの大騒動になり、結局また、島を追い出されることになりました。

　ナビィは60年ぶりに再会したサンラーとふたたび引き裂かれることになり、家族の同情を誘いましたが、サンラーが島を出て行くときにはナビィの姿が見えません。孫娘の奈々子等が必死に探すと、なんと島を出て行くサンラーの小舟に、嬉しげな顔つきをしたナビィおばぁが乗っていて‥‥。

　心ならずもネタバレさせてしまいましたが、芸達者な登場人物に沖縄音楽、そして粟国島の風光明媚な描写ときてますから、みなさんも鑑賞してください。

　さして大きくはない島を自転車でひとめぐりしたからに

は、港近くの公園にあったブランコに揺られながら、帰り
のフェリーを待てばよいのだから、本当にお気楽な取材旅
行ですね。那覇から2時間ほどで訪れることのできる粟国
島は、他にもいっぱいの見どころがあるたのしいアイラン
ドだけど、フェリー料金がちょっとばかり高いような気も
しますね。

粟国村 情報

いのちは海から粟國の塩＝昔ながらの伝統製法を用いて造られ
る粟国の手塩。カルシウムやマグネシウム、鉄を含んでいるた
め、独自のうまみと柔らかな味が特徴。
粟国の塩にがり＝製塩する際に出てくる天然にがりは、豆腐づ
くりをはじめ、様々な用途に用いられています。
粟国の島マース＝カルシウムの豊富な塩。100g中に6000mg、
鉄分も1300mg含まれています。ほかにも海水に溶け込んだ
マグネシウム、亜鉛などのミネラルも。
粟国島の塩ナビィ＝どこよりも安く上質な塩をお届けするため
に製塩過程を徹底的に追及した塩。島内では本島よりさらに低
価格で販売されています。
もちきびかりんとう＝粟国島産のマージン（もちきび）を原材
料に使った手作りかりんとう。もちきびの味が際立つプレーン
味と、黒糖をからめた黒糖味、ミネラルが豊富な粟国の塩味が
あります。
あぐによようかんマーミー＝アカマーミー（小豆）をじっくり煮
詰めて作った甘さ控えめのようかん。種類はプレーン味、黒糖

味、粟国の塩味の3種類。

黒糖＝粟国島産の新鮮なさとうきびを使用。新しい製糖工場で造られる黒糖は、風味がよく、ビタミン、ミネラル、カルシウムを多く含んでいます。

もちきび＝粟国島では「マージン」の名で親しまれている「もちきび」。白米と比べ、食物繊維やカルシウム等を多く含む栄養価の高い穀物。お米に混ぜて炊くともちっとした食感が楽しめます。

もちきび麺＝もちきびの粉末を練り込んだ、粟国島オリジナルの乾麺。茹でたあと氷水で締めて「ざるそば」のように食べていただくと、もちきび由来のもちもちとした食感とつるつるっとした舌ざわり。パスタ風やかけうどん風、チャンプルーなどにアレンジして。

塩サイダーキャンディ＝粟国の塩を練り込み、粟国島のキャラクターであるアニーちゃんの顔を中心にし、ウーグの浜をイメージしたオリジナルキャンディ。

そてつ実そ＝粟国島には、自生のソテツが数多くあります。そのソテツの実を利用したオリジナルの味噌です。

あぐにの島のアガラサー＝黒糖と自家製豆乳を使用した豆腐屋さんのカステラです。

しびまぐろジャッキー＝「粟国産黒糖」を使う事により深い味わいに仕上がっています。他にも「**しびまぐろのつくだ煮**」「**トビウオのみりん干し**」も販売。

粟国村歌

マハナの岬の　れいめいの
黒潮高く　うち寄せて
希望が朝を　呼ぶところ
新生の意気　はつらつと
いざ奮い立つ　粟国村
誇ろうわれらが　ふるさとを

輝く空よ　白浜よ
平和の息吹　みなぎりて
るり紺碧に　澄むところ
繁栄の歌　たからかに
いざ励みゆく　粟国村
伸ばそうわれらが　ふるさとを

歴史を偲ぶ　八重川城
文化の光り　照り映えて
理想に燃えて　ゆくところ
躍進の道　手をとりて
いざ築きゆく　粟国村
仰ごうわれらが　ふるさとを

第4章　沖縄ルート

沖縄県宮古郡多良間村（たらまそん）

北緯24度40分10秒　東経124度42分06秒
面積22km²　村人1007人　財政力指数0.11

　今回の旅でいちばんの心配は、多良間島へ渡る手配ができていなかったことです。宮古島まではフェリーがあるけれど、多良間に渡るにはどうしても飛行機利用しかなくて、その組み合わせがうまくいかないのです。多良間村ひとつ探訪するのに三日もかけるわけにもいかず、両方とも往復飛行機を使うことになりましたが、問題は費用がいくらかかるのかの一点。

　出発前には手配できずに、現地での調達となって一抹の不安を抱えながら乗り込んだ那覇で、さっそく動き始めましたが、危ないところで高い切符を掴ませられるところでした。

　国際通りには沖縄ツーリストがあって、朝一だからまだオープンしていなかったのです。ぶらぶらしていると脇道

に国際観光の看板があり、航空券も手配しますとのことで、こちらの方は窓口が開いていたので交渉に及びます。どうせこわいのを我慢して乗るからには、窓側に座って景色を眺めなければ損だと意固地に思っている私のリクエストにこたえて、全部窓側の往復で取ってくれた料金が30200円でした。

たった一日の交通費にしては飛び上がるほどの金額ですが、フェリーと組み合わせると泊まりがけになってその程度の費用はかかってしまうのだから、思い切って購入したのです。

これでひと安心ですが、そこは転んでもただでは起きない旅好家の私、その足で沖縄ツーリストに出向き、まったく同じ条件で頼んでみました。すると8000円以上も高い料金を提示してきたので、内心でホクホクしながら外に出てきました。だって一泊800円なのですから、単純計算で10泊もの料金が節約できたわけで、なんとラッキーなのでしょうか。

そして宮古までいく間にも、料金分を一気に取り戻すほどの素晴らしい出来事にも遭遇したのです。南西方向に飛行機が飛ぶから、朝日は左後方から射すことになり、その影が右側の窓に座った私の視界にずーっと映っています。海に映っていた黒い影は、雲があるとそれをスクリーン代わりにしてくっきりと浮かび上がるのですが、雲がびっしりと空にかかったとたん、まん丸い虹の中にすっぽりと飛行機のシルエットが。

まるでよくできたデザインでもあるかのように、完璧に

第4章　沖縄ルート

丸い虹の中に収まった飛行機の影が雲のスクリーンを進んでいくのは、まるで映画の一シーンのようでもあって感激でした。

そんな感動的な情景を見られたのは、同じ飛行機に乗り合わせた50人の内の数人であって、しかも外を見ていなければ見逃してしまうのだから、これがラッキーでなくてなんでしょう。

パリ行きの夜行便で、真夜中の眼下に陸と沼(海？)が複雑に入り組んで月光に光っている情景にも感激しましたが、それに匹敵する圧巻の飛行機虹ショーでした。

多良間空港からはエアー便の発着に合わせて、村中心部への連絡バスがあって、山羊に見送られてサトウキビ畑の中を疾走するのがおんぼろでした。年代物であっても、そこは毎日なくてはならないバス便だから、とにかく村役場前にはついたのですが、あいにくと土曜日でシャッターがぴしゃりと閉まっているのです。

土日でも玄関は開いていて、数人の職員が出勤している役場もありますが、ここが完全にシャットアウトしていた理由はあとで判明します。

近くの体育館から歓声が聞こえるので行ってみると、幼稚園と小学校合同の学習発表会で、暇つぶしといっては語弊がありますが、とにかく時間つぶしに入らせてもらいました。おそらく年に1回だけの発表会にぶつかったのも何かの縁、ありがたく拝聴させてもらいましたが、これがテレビのくだらないバラエティよりもよっぽど見応えがあるのです。

275

合唱、跳び箱、淡水レンズについての研究発表などがあ
りましたが、特筆すべきは6年生の進路希望でしょうか。
男の子の希望は海上保安官と自衛隊員が多かったのですが、
島に残って両親の面倒をみるには、他に選択肢もないのだ
ろうと思うと切ないものがありますね。

　そこにいくと女の子は割とあっけらかんとしていて、美
容師、ヘアースタイリスト、獣医などのまともな職業名が
挙げられる中で、ひとりだけ欅坂46になりたいという女子
がいましたが、はたして商売上手なアキモト先生はあの子
を採用してくれるのでしょうか。

　最後には幼稚園児と小学生の全員での合唱がありました
が、今は平和な島のあの子達の未来に幸多かれと願わずに
はいられませんでした。現実に戻って空腹を覚えた私は、
みどりや旅館で沖縄そばを食べましたが、ここは村で唯一と
いってもいいくらいの通年営業している食堂みたいでした。

　散歩がてらに歩いてみると、由緒正しげな多良間神社が
あり、その奥は南洋のジャングルめいた様相を呈していま
す。バナナやパパイヤの木が自生し、大きなハスの葉っぱ
が折り重なっている光景は、ちょっと他では見られないダ
イナミックさに満ちています。更に先の父母の森にも大木
があり、その先は足を踏み入れるのがこわくなってしまい
そうなうっそうとした茂みで、もちろんハブが怖いから私
は入りませんでした。

　帰りのバス便には早いけれど、他にすることもないから
村役場前に戻ると、奥の方からにぎやかな談笑の声が洩れ
伝わってくるではありませんか。覗いてみると役場横の広

276

第4章　沖縄ルート

場で酒盛りの真っ最中で、どうやら職員の慰労会らしいのです。

　議員も村長もいるみたいだから、よっぽど挨拶して情報をもらおうとも考えたのですが、みんなの酔っ払い具合をみて二の足を踏んでしまいました。だって何を飲んでいるのか知らないけれど、みんながべろべろに酔っていて、しゃべっているろれつまで怪しいんだもの。

　そんな人たちからまともな話しを聞けるとも思えないし、私自身は禁酒していて酒も飲みたくないから知らんぷりをしていたけれど、まさかあの酒盛りは、毎週土曜日ごとに開催しているのではないでしょうね。

　空港行きのバスは時刻表よりもかなり早めに来たけれど、あれも沖縄時間だったのでしょうか。悪天候で出発が遅れるとのアナウンスがあり、かなり空港で待たされたけれど、宮古到着が遅れたにしても、かならず別便で那覇までは帰れるはずだからと考えると、まったくイライラせずに過ごせました。

　こんなところが自分でもずいぶん精神的に成長したなあと、妙なところで感心してしまった多良間村訪問記でありました。

277

多良間村 情報

ういねーつづのフクギ＝八重山遠見台から東に300メートル下ると父母の森に達する。フクギの大木が多いためどの木が名木か迷う程である。道路南側のやや大きめの貫禄のある木が認定木である。

土原ウガンの大アカギ＝父母の森一帯は県指定文化財「多良間島の土原ウガンの植物群落」である。仲筋字会の八月踊り会場である舞台の屋根を突き破り、どっしりと構えているアカギの木が認定木。樹高12m、胸高幹周3.6m、推定樹齢300年。周辺には樹齢250年以上のイヌマキ、フクギ、ディゴ、ガジュマルなどの大木が約500㎡にわたって林立し、琉球石灰岩地域の食性として学術上貴重とされる。

シュレーウガンの大アカギ＝脇のフクギ（樹齢100年余）を含めて村指定の天然記念物。樹高10m。胸高幹周3m、推定樹齢200年。アカギ特有の発達した気根が逞しい。この周辺は拝所となっており、村指定の無形民俗文化財「スツウプカナ」には祭事が執り行われる。

ヌツタスキ　トウンバラ（命を救った岩）＝小学校への道すがら、幼稚園の南側道路に突き出た1.5m程の小岩がある。1771年の明和の大津波で押し寄せてきた津波から逃れるために、この岩に上がって助かったという、いわれのある岩。この岩一帯の標高は14mであるが、津波は15m程度であったといわれているから、岩に上がって助かったというのはうなづける。

多良間小学校のセンダン＝小学校のセンダンは、名木100選が発足した年に認定された。春にはセンダンの花が満開となる。

また小学校の校門を入るといかにも古木を感じさせるモクマオウの木とフクギの木が迎えてくれる。これらは古くから小学校を見守っている木々。

運城ウタキのフクギ＝アマガーの西側を北に向かう道路は、多良間の民謡「タラマシュンカニ」に唄われているマイドウマリ（道）。この道の左手に運城ウタキがある。ウタキを取り巻くように植物群落があるが、ウタキに続く参道にはフクギの大木が林立している。樹高8m。胸高幹周2.1m。推定樹齢400年。

嶺間ウタキのアカギ＝運城から北にむかい、最初の三叉路を右に折れ、200m程行くと十字路に出る。そのまま直進すると「通せんぼ」をしているかのように、大アカギが道路にはみ出てどっしりとたっている。また、境内には250年を超えるフクギやアカギの古木がそびえ歴史を感じさせる。このウタキの裏山には自然井戸があるが現在、泉水はない。

寺山（ティラヤマ）ウガン＝ピィトゥマタウガンに行く途中に寺山ウガンがある。那覇波の上護国寺24代住職、真言宗の僧・心海が1695年頃居住して、修行しながら島民を教化したと伝えられている。布教中に島民の天災地変を救うために大岩の上に一碑を建立。敷地内にはフクギやディゴの巨木が生い茂り鬱そうとしているが、近隣の子ども達の遊び場にもなっている。

ピィトゥマタウガンのフクギ＝塩川字会が八月踊りを行う場所で、多良間を統一した土原豊見親の愛妾の屋敷跡とされる。豊見親が土原の屋敷からひとまたぎで通ったとされ、一刻でも早く逢いたいという豊見親の心情を表現した名称なのだろうか。八月踊りが始まった頃から見守りつづけてきたであろうフクギの夫婦木が、威容を持って並び立っている。

多良間島の抱護林＝フシャトウガーからナガシガーまでは約1kmの道のりがあるが、その間には抱護林がある。トウカパナ山から白嶺山まで集落を取り囲むグリーンベルトで約1.5kmある。現在他の島の抱護林はほとんど消滅しており、多良間島の抱護林は県下で唯一の貴重な遺産となっている。なお、抱護林を風水的に考えると、朱雀（南）の方向に丘などがないため、抱護林で集落を囲い、朱雀の役割として補完したとの説がある。

シュガーウタキの大フクギとフクギ並木＝塩川ウタキの建物の脇には、胸高幹周320cmのフクギの大木がある。樹高も一際高く10mをゆうに超すと思われる。フクギ並木はシュガーウタキへの参道で650m。推定樹齢200年以上のフクギが立ち並ぶ様は壮観である。

多良間一の大フクギ＝この木は塩川ウタキの南西200mの富盛玄三氏所有地にあり、調査した中では最大で胸高幹周320cmを超す大フクギである。根元に畑から出た石が積み上げられているため、実際の幹回りは計測できていない。

白峯山の　めずらしいね（根）＝テリハボクの根が数珠繋ぎになっている珍しい樹根である。テリハボクは砂地にも強く樹勢が旺盛で防潮、防砂に用いられているが、地下茎の様子を知る上で貴重な発見である。

普天間ウタキのウプヤラウ＝普天間ウタキに向かって右側に大きなテリハボク（やらう）がある。敷地内には他にもテリハボクの大木が多いが、鳥居横のこの木が認定木。

第4章 沖縄ルート

沖縄県島尻郡渡名喜村(となきそん)
北緯26度22分20秒　東経127度08分28秒
面積3.87k㎡　村人297人　財政力指数0.07

　ほとんど情報を集めないで行った今回の沖縄取材旅行中、一番感動させられたのがこの渡名喜島でした。那覇泊港から出る久米島行きフェリーが途中寄港するのが渡名喜島で、ここまでは2時間弱といったところです。

　島に近づくにしたがって、どこに人が住めるのかと思うほどの断崖絶壁の連続で、大昔に隆起によってできたことを証明する褶曲なども岩肌にくっきりと刻まれています。

　ところがフェリーが裏の方に回っていくと島の表情が一変、なだらかな緑の丘に包み込まれるようにこぢんまりと集落が開け、つつましやかな港が現れました。

　久米島まで乗っていく人が圧倒的に多い中、パラパラと昇降する人に交じって島に降り立った私は、なんとなく心誘われるままに海沿いの道を右手にとったのですが、パター

ゴルフ場を過ぎ、カーブを曲がると、すぐに珊瑚礁の海が開けていて感動しました。

浜に降りると、砂に混じってサンゴのかけらが散り敷かれ、あらゆる青色がだんだら模様で連続している浅瀬から、心地よい風とともに穏やかな波が遠慮がちに押し寄せてきます。そこは今まで訪れた浜辺では最高に気持ちのよい場所で、私は思わず裸足になって海に入っていきました。

心まで洗われるような爽やかな波に足を撫でられること十数分、これ以上ない至福の中で頭に浮かぶ言葉が「クセジュ」とは、私の前身は仏蘭西人だったのかも‥‥。

時期外れでもあり、日曜日でもあったせいか、唯一オープンしているフェリー乗り場の島豆腐屋さんで沖縄そばを食べましたが、同じ名前でも店によってかなり見栄えや味が違うもので、沖縄そばも奥が深いですね。

いよいよ集落に入ろうと、沖縄で一番短いと言われる役場前の県道を突っ切ると、そこからは想いもしなかった素敵な小道が続いていました。未舗装の土の道にはびっしりと海砂が敷き詰められていて、落ち葉すらこぼれ落ちていない砂の小径にはヤツデで掃いたあとがきれいに残っています。

白い海砂が敷かれた小径がまっすぐに、あるいは少しだけくねって交差しているだけでも素敵なのに、その可愛らしい道を守るかのようにフクギ並木が続いているのです。樹木のトンネルのようになった先では、うっそうと茂ったフクギのわずかな隙間を突き破った木漏れ日が白い道を点々とスポットライトのように照らし出して、白昼の幻想美す

ら覚えます。

しかも白砂の小径から一段と低くなった両側に、沖縄特有の赤い屋根の家がたたずんでいるのだから、ある程度の年齢の日本人ならばどこか郷愁を駆り立てられずにはいられないでしょう。

ちなみにこの島は、以前に「群青/愛が沈んだ海の色」というタイトルの映画になった場所で、待合所にポスターが貼られていましたが、映画の舞台となった場所の保存には熱心ではないらしく、それなりに荒れ果てていてわびしいものを覚えました。

まだまだ若い頃の溌剌とした長澤まさみさんが主演した映画で、そんな明るさを閉じ込めるような演技を強いられる役割を演じきって見事でした。

沖縄のある島（もちろん渡名喜島）で、幼い頃から仲良く育った3人組、二人の男の子は涼子に好意を抱いているのですが、一足早く一也が愛の唄を贈って涼子のハートを射止めてしまいます。

ところが漁師である涼子の父親がまだ若いからと反対、それなら自分の実力を証明すると深海に潜って幻の○○を獲った後で、一也は力尽きて死んでしまいます。愛する人を失った哀しみと、父親への反発心で壊れていく涼子、そんな彼女のことを想いながらも、遠くから見守ってあげるしかできない○○。

はたして失意の涼子は、いつか立ち直ることができるのか、そして○○の想いが伝わる日は来るのか。そんな内容だったと思いますが、○○はどうしても思い出せないので、

個人で確認してください。

　そんな郷愁を誘われる中を自転車でゆっくりと走り回ったのですが、浅い砂道の至る所にへこんだ場所があるので、慣れるまでは前輪を取られて大変でした。

　そのささやかなメインストリートにはフットライトが完備しているので、夜はさぞかし幻想的な情景となるのだろうと想像できますが、残念ながらお泊まりはできませんでした。島にはいくつかの事前予約必要な宿泊施設もありますが、バスタオルだけはかならず持参してくださいとパンフに注意書きがあるのはなぜでしょう。

　これからもたくさんの村を回るでしょうが、集落のたたずまいとしてはおそらく最高に素晴らしいと思われる渡名喜村、マリンスポーツに興じられない年配者であっても、泊まりがけで滞在することをお勧めします。バスタオルを持って‥‥。

渡名喜村 情報

「温もりの海郷」 渡名喜島12.5㎞の島で、三日月型が特徴的です。また、その西4㎞には円形型の無人島「入砂島」があります。

　一年を通して温暖な気候に恵まれ、豊かな自然が多く残る渡名喜島。古くから受け継がれ大切に守られてきた祭祀。人々を活気づける伝統行事。美しい自然と色濃い文化を見せる。この島の様々な表情が、訪れる人を魅了します。

建造物群保存地区＝渡名喜の集落は昔ながらの赤瓦屋根の民家

が分布しています。美しい集落の景観と伝統的な建造物を守る目的で、島全体が国の重要伝統的建造物群保存地区に指定されています。

フクギのトンネル＝集落内は白砂の小路が縦横に通っており、道の両側には屋敷を囲うようにフクギが並んでいます。

フットライト通り＝集落の中央にある村道1号線は、夜になると両サイドのライトが点灯して、白砂の小道と伝統的家屋の集落を演出します。夜の林道を案内するツアーもあります。

あがり浜＝フットライト通りの突き当たりにある、白い砂浜が約700m続く自然のビーチです。集落から近い場所にあり島民や観光客が海水浴を楽しむ憩いの場として親しまれています。

水上運動会＝全国でも珍しい海浜での運動会が行われるのがあがり浜で、小中学校・幼稚園にとどまらず、島民総出で水中綱引きや海中での球技、応援などを楽しんでいます。参加は自由とのこと。

沖縄県最短の県道＝その名も「沖縄県道188号線渡名喜港線」といい、総延長25mという驚きの短さ。港から村道1号線をつなぐこの道は、沖縄県内を通る国道・県道ではもっとも短い。

西森園地展望台＝島の北部にある展望台で、急な上り坂から集落方面を一望できます。展望台は絶景が広がっていて、粟国島やヲモの崎を眺めることができます。

てぃだ広場と入砂島－てぃだ広場は渡名喜港に隣接しており、夕暮れの時間をゆっくり過ごすことができます。真っ赤に染まる空に入砂島のシルエットが浮かび、悠久の時が流れます。

里御嶽＝集落の北東にある里ウタキは、1年おきに神行事「シマノーシ」が執り行われる拝所です。渡名喜島には神聖な場所

が多く存在し、島民は昔から生活と神行事の深い関わりを大切にしています。

ウーンダ大本田展望台＝大本田岳の頂上にある展望台で、360度眺めることができ、島尻崎やその向こうの慶良間諸島も一望。時期によってはクジラの回遊を見ることも。

島尻毛散策道＝島の南島にあり、カワラナデシコやサイヨウシャジン等など、多くの植物が自生しています。緑の草原と青い海のコントラストが楽しめます。

ウミガメ＝ウミガメの島と呼んでも良いほど、渡名喜島ではウミガメを頻繁に見ることが出来る。多くのウミガメが産卵を行うのは呼子（ユブク）浜。潮が満ちている時間帯には、アンジェーラ浜の道沿いから海を覗いてみると、高確率でウミガメに出会える。

コラム

第4章　沖縄ルート

◆ ひめゆり学徒隊だけじゃない

　戦前、沖縄には21の師範学校・中等学校がありました。沖縄戦では、これらすべての学校の生徒たちが戦場に動員されました。

　男子学生は主に14歳から19歳で、上級生が「鉄血勤皇隊」に、下級生が「通信隊」に編成されました。鉄血勤皇隊は、軍の物資運搬や爆撃で破壊された橋の補修などにあたり、通信隊は、爆撃で切断された電話線の修復、電報の配達などの任務に従事しました。

　女子学徒は主に、15歳から19歳で、陸軍病院や野戦病院などで負傷兵の看護活動にあたりました。激しい戦火の中、多くの生徒が犠牲になりました。このことを広く伝え、世界の恒久平和を願い、ここに学徒隊の碑を建立します。

2017年3月　沖縄県

学校名（学徒隊の通称）

沖縄師範学校男子部（師範鉄血勤皇隊）

沖縄県立第一中学校（一中鉄血勤皇隊・一中通信隊）

沖縄県立第二中学校（二中鉄血勤皇隊・二中通信隊）

沖縄県立第三中学校（三中鉄血勤皇隊・三中通信隊）

沖縄県立農林学校（農林鉄血勤皇隊）

沖縄県立工業学校（工業鉄血勤皇隊・工業通信隊）

那覇市立商工学校（商工鉄血勤皇隊・商工通信隊）

海南中学校（海南鉄血勤皇隊・海南通信隊）

沖縄県立宮古中学校（宮古中鉄血勤皇隊）

沖縄県立八重山農学校
(八重農鉄血勤皇隊・八重農(女子)学徒隊)
沖縄師範学校女子部(ひめゆり学徒隊)
沖縄県立第一高等女学校(ひめゆり学徒隊)
沖縄県立第二高等女学校(白梅学徒隊)
沖縄県立第三高等女学校(なごらん学徒隊)
沖縄県立首里高等女学校(瑞泉学徒隊)
沖縄積徳高等女学校(積徳学徒隊)
昭和高等女学校(梯悟学徒隊)
沖縄県立宮古高等女学校(宮古高女学徒隊)
沖縄県立八重山高等女学校(八重山高女学徒隊)

第4章　沖縄ルート

沖縄県中頭郡読谷村(よみたんそん)

北緯26度23分46秒　東経127度44分40秒
面積35k㎡　村人42140人　財政力指数0.62

　宿に自転車を置いてバスに乗ったことをすぐに後悔したのが、読谷村取材でした。

　喜名停留所でバスを降り、看板を見ると村役場まではかなりありそうなので、ここは無理をせずに客待ちをしていたタクシーを利用することにしました。歩けば小一時間くらいはかかりそうだから、800円はよしとしましょう。

　乗ってすぐに運ちゃんが「読谷村は人口が日本の村で一番に多い」と自慢したのですが、行けども行けども草原に人家がぽつぽつと点在するだけで、いったいどこに村人がすんでいるのだろうといった感じだから、その通りに疑問を発すると、「ここは返還された飛行場跡地だから、これから発展するのだ」といわれて納得しました。

　村役場はそれなりに立派で新しく、観光課の職員も熱心

289

に村のよいところを力説してくれて、どこぞの「名所は道の駅」とは大違いです。

　帰り際に秘書課の前を通ると人がいたので、「村長さんのお話が伺えたらありがたいのですが」と切り出すと、「名刺はお持ちですか」。これは大いに脈があると自作の旅好家と入った名刺を出すと、ほどなくして恐れ多くも村長さんがお出ましになりました。さすがは選挙で選ばれた村長さんだけあって、カリユシ姿もビシッと決まっています。

　2014年以来の村人口一番の記録保持、沖縄で唯一の延長14キロにおよぶ自然海岸、それを守る600ヘクタールのラグーン、三味線発祥の地、陶製の巨大なシーサー、織物と焼き物で3人の人間国宝輩出などなど、数字を交えた正確な情報がポンポンと出てくるなんぞ、やはり村長さんは偉いですねえ。

　中でも面白いと思ったのは、30×5メートルの生け簀でジンベエザメと一緒に人間がダイビングできるとの話で、イルカとのふれあいは聞くことがありますが、ジンベエザメと泳げるのは、日本ではここだけではないでしょうか。

　今日の予定は読谷村だけなので、村役場と村長さんの表敬訪問を終えた私は、コミュニティバスを活用して村めぐりをしましたが、なるほど海沿いの方はずいぶんと開けていて、かなり活気があるばかりでなく、不思議なしっとりとした賑わいを漂わせているみたいです。恩納村みたいに底抜けの明るさとも違う読谷村は、リゾートと保養地と生活地の三つを兼ね備えたパラダイスだ、と言ってしまうと褒めすぎかな。

第4章　沖縄ルート

　読谷村の特産品としては、琉球ガラスや読谷山花織りなどがありますが、泡盛残波がここで造られていると知って感慨深いものがありました。

　と言うのも、以前に飲み歩いていたとき、沖縄出身のママがいるお店で残波をよく飲んだからで、度数の違うのが3種類くらいあって、私は無茶飲みしていた時期だったので、確か一番強い55度をがぶ飲みしたような気がするのですが、あれは酔っ払いが見た幻の度数だったのでしょうか。

　読谷村での名所の一つとして座喜味城がありますが、ここは前述の護佐丸によって造られたグスクです。特徴としては、美しい曲線を描く城郭が分厚いことで、他の山城みたいに岩盤ではなく、粘土質の山上に築城するにはそれしか方法がないという究極の技術の粋とも言える山城です。

　そして読谷村でのお土産といえばヤチムンは絶対に外せないものであって、ぼってりとした厚みと大らかな絵柄の焼き物は68の工房で造られています。

読谷村 情報

工房いろは＝サトウキビの釉薬を使ったやわらかな色や、文様のような細かな線彫りが特徴の工房いろは。自然の色になじむように、と作陶されるマグカップや器は女性作家ならではのあたたかみがある。

シマシマポタリ＝手びねり独特の大らかさや自由な色使いは、電照菊や南国フルーツといった沖縄のくらしの中からアイディアが生まれるという。縞模様のほか水玉や空や雲といったイラ

291

ストを施した器もある。

拓美窯＝伝統的なヤチムンの技法や釉薬を用い、主に日常雑器を作陶。地の素材とは異なる素材を用いて模様を表す象嵌という手法で、落ち着いた色合いながらも力強い大柄な模様が印象的。

山城窯＝使いやすさを意識しながらも、できるだけ丸くつくりたい、と作陶された土瓶や湯呑は、伝統的な唐草が施された品のある佇まい。写真上段の右端と中央のカップの絵付けはゴーヤー。

残波焼＝あずき色の独特の赤は読谷村の土ならではの色。釉薬を使わずさらりとした肌触りからも土本体の力強さとあたたかみが感じられる。壺などを主に作陶し、鑑賞用としての需要が高い。

宇座山田窯＝美術品のような美しい印象を与える宇座山田窯の器やマカイは、紅型のような細かな模様をロウ抜きの線で表現している。サトウキビの灰や木炭のやわらかな地の色合いと凜とした青も特徴。

琉球禮子窯＝壺屋の伝統的な技法を活かし、サンゴ礁の海を表現した器。丁寧な面取りは読谷村北部の残波岬のごつごつした岩場をイメージしている。陶歴40年を超え、伝統的な作品への回帰も目論む。

呂雨弥工房與窯＝南風的なあたたかな作品づくりにこだわりを持ち、文様や魚の柄はどこかアジアを思わせる。器のほか、花器や大皿も作陶。村内の小学生を招き陶芸教室を行うこともある。

てぃぬひら工房＝伝統的な技法にこだわりすぎず、自分らしい表現と使うことを大切に作陶。オーダーを受け、ホテルオリジナルの器も手がける。写真は根源的な祈りを意識した「Ritual

第4章 沖縄ルート

Vessel」シリーズより。

工房コキュ＝沖縄の土と釉薬を使い、シンプルで使いやすい器を作陶している。あえて細かな石を混ぜてザラッとした表面にするなど、落ち着いた色合いながらも工房の個性と丁寧な仕事振りが伝わる。

一翠窯＝伝統的でありながらモダンな印象の絵付けで、器ごと様々な表情を見せる一翠窯の平皿やカップ、マカイ。これらの器とは雰囲気の異なるオブジェも作陶。海外でも個展を開催している。

美ら海窯＝県立芸大を卒業後、栃木県烏山市の瀧田項一氏のもとで磁器を師事し再び沖縄に戻りヤチムンを作陶。現在は焼き締めの作品に注力し、焼き締め専用の窯で主には壺、そして雑器を作陶している。

陶器工房　壹＝伝統的な良さと素材の魅力を活かし、器を中心に手がける陶器工房　壹。工房2階のギャラリースペースに並べられた器は、様々なバリエーションの柄が揃い訪れる人を楽しませている。

陶芸工房てぃーだ＝お茶碗や湯呑など日用雑器を中心に作陶。南国らしいハイビスカス模様を、線彫りや掻き落としの技法で表現している。本島西海岸のオーシャンビューの工房では陶芸体験も可能。

南龍窯＝思いつくまま自由に作陶された雑器やインテリア雑貨のほか、黒化粧に文様を線彫りした作品も並ぶ。観光施設「むら咲きむら」に工房を構え、陶芸体験では面シーサーづくりを体験できる。

読谷山焼・北窯　松田米司工房＝伝統に基づく食器類や大皿を

293

作陶、現代生活のニーズに合わせたマグカップや皿も手がける。食卓での使いやすさを心がけたそれらは、ダイナミックな絵付けながら優しい印象。

読谷山焼・北窯　松田共司工房＝端正で美しい形が特徴。唐草、点打ち、イッチンは大胆で大らか。マカイや皿、カラカラのほか、マグカップやビアマグといった現代の暮らしにあったヤチムンも作陶する。

読谷山焼・北窯　宮城工房＝現代にあった、使う人が楽しくなる食器を目指した北窯・宮城正亨氏のヤチムンは、独立して以来作風は変わらないという。シンプルな形と大らかな絵付けが料理を選ばず使いやすい。

読谷山焼・北窯　與那原工房＝伝統技法を基に、マンガン釉の掻き落とし、象嵌、染め付け、線彫りなどで主に日用食器を作陶。料理を盛った時によりおいしく、そして楽しい食卓を演出できれば、と心掛けている。

読谷山焼　大嶺工房（大嶺實清）＝力強く、大らかに表現された器は、土、釉薬、窯焼き、特に「かたち」については今なお試行錯誤を繰り返す。工房に隣接する開放感あふれるギャラリーには平皿や花器なども並ぶ。

読谷山焼　大嶺工房（大嶺由人）＝伝統やモダンという枠にとらわれない皿やティーポット、湯呑。学ぶこと、働くことの楽しさを見いだしながら作陶している。シンプルながら、隅々まで行き届いた細かな作行き。

読谷山焼　大嶺工房（大嶺亜人）＝器を使うことで豊かなときが過ごせるようにと制作。段階をへて色が加わる器には華やかさと凛とした落ち着きをみせる。使う人との会話からアイディ

アを貰いうまれる形もある。

読谷山焼　大嶺工房（大嶺音也）＝様々な日常食器を作陶する中、型もの、面取り、箱ものの器が目を惹く。粘土をたたら状にして型の外側に巻き付けてつくられた器は、ひとつひとつ違う表情に焼き上がる。

読谷山焼（山田真萬）＝ダイナミックで鮮やかな色彩の絵付けが特徴。伝統をふまえながらもモダンな作品は、特別な存在感を放ち、県外や海外での個展も多い。工房にギャラリー山田を併設。

読谷山焼　玉元工房＝唐草の絵付けのマカイや皿を中心に作陶する玉元工房は、白化粧に鮮やかなコバルトの釉薬をつかった作品も多い。日常使いの器から、大型の壺や花器まで幅広く手がける。

読谷山焼（金城明光）＝素材にこだわり、沖縄の土と釉薬でオリジナルの柄や形の器を作陶。足のついた急須やコーヒーメーカーなど独創的でありながらその原点には、沖縄の伝統的な建物や工芸の存在がある。

読谷山焼横田屋窯＝自らの登り窯で焼いた雑器は、普段使いできることを意識して作陶。沖縄の釉薬を用い、伝統的な唐草や点打ちが絵付けされた皿やマカイ、湯呑みは工房の軒先で販売している。

読谷壺屋焼　陶芸　城＝人間国宝・金城次郎氏の魚紋を受け継いだ皿やマカイ、カップを作陶。魚紋がふたつ描かれた平皿や壺屋の伝統的な技法である龍巻きを施した壺などは工芸の手前の直売所で購入可能。

金城敏男窯　広工房＝広工房として作陶する金城吉広氏は、人

間国宝・金城次郎氏の長男、敏男氏の三男。細かな線彫りの魚紋を施した伝統的な皿やマカイを、多くの人に使ってもらいたいという。

金城敏男窯　金城陶器＝金城敏男氏の長男である金城吉彦氏。時代にあったいいものをつくることを心がけ主に食器類を作陶。コバルトや飴色の釉薬の中を活き活きと泳ぐ魚紋は落ち着いた存在ながら品がある。

金城敏明窯・金城裕三窯＝人間国宝・金城次郎氏の次男、敏明氏とその長男、裕三氏が作陶する。魚紋や点打ち、指掻きの雑器が主。平皿やマカイ、様々な大きさの角皿など形も豊富に揃う。

宮陶房＝父親である人間国宝・金城次郎氏のもと、40年以上作陶。魚紋や海老、ハイビスカスなどの食器類、酒器、花器のほか、焼き締めによるシーサーも作陶。県外での展示も開催。

陶芸工房ふじ＝色は伝統の釉薬を基本に、祖父である金城次郎氏の魚紋をふまえつつ、ハイビスカスや海の生き物、月桃など独自の絵付けを展開する藤岡香奈子氏。ショップからは作業の様子を見学できる。

常秀工房＝コバルトやオーグスヤーの釉薬、唐草の絵付け、ロウ抜きなど、伝統的な手法をとりながら、コーヒーカップやマグカップ、ボウルなど今求められるものも作陶。次世代への伝承にも尽力する。

茂生窯＝バランスや口当たりを考慮して重心を上にしたマグカップや、お茶を入れても重く感じない土瓶など、伝統的な技法で現代生活にあう実用性のある器を作陶。自らの窯で年に2回ほど焼く。

第4章　沖縄ルート

陶房　高江洲＝雑器、カラカラ、厨子甕を中心に夫婦で作陶。珍しい唐草の線彫り掻き落としを中心に、魚紋の器も少量ながら手がける。カトラリーやコーヒードリッパーもある。

陶眞窯＝ひとつの工房とは思えないほどの様々な絵付けのマカイや皿、カップが揃う陶眞窯。注文を受け、大きな酒壺やシーサーも作陶する。広い工房内では陶芸体験も受け付けている。

榮用窯＝県内で唯一、壺屋荒焼の伝統的な技術を継承しながら、釉薬なしで自らの登り窯で焼き締めたシーサーや酒甕。土は読谷村と那覇市のものを独自にブレンド。力強さと独特の色味がある。

宮城三成工房＝人間国宝・金城次郎氏の長女、宮城須美子氏の三男。細い線彫りで表現するのは伝統の魚紋のほか、蟹、海老、イカ、タコなどの海の生き物。差し色の赤は、年々少しずつ変化している。

ei-bou＝いっちんの技法を使って描くオリジナルの絵付けが特徴。マグカップや小鉢など小振りな食器から、カラカラや花器などロクロを回したり、手起こししたり幅広く作陶する。

とくさと陶苑＝伝統的な技法を継承し、沖縄のクチャ粘土や赤土、白土を釉薬として使い、独自の陶器の色を追求。本焼きを二度三度行うことで、作品に渋みとあたたかさを与えている。

田陶房＝壺屋の伝統的な技法を用い、夫婦二人で作陶する。注文を受けての作陶が多い。小さな点打ちや濃い飴色など控えめながら品の良さ、職人の生真面目さが伝わる。

山ひつじ舎陶器＝真っ白なシンプルな器にひっそりと施されたアクセントが特徴。使う人の暮らしに馴染み、だんだんと風合いが出てくるような作品づくりを目指す。華奢な持ち手が女性

297

作家らしい。

深貝工房＝読谷山焼・山田真萬氏のもとで修行を積んだ深貝公拓さん。伝統を守りつつ、柄には自身の名前と縁のある貝模様や、繊細なタッチの水玉、ボーダーを施すなど、オリジナリティ溢れる作品を手がける。

壺屋焼　やちむん家＝シーサーを中心としたヤチムンを家族で作陶するやちむん家。迫力ある表情から親しみやすいものまでシーサーの種類は豊富。ろくろや手びねりの食器類は使う人の声を反映させて作陶。

真南風工房＝伝統的な材料と技術を用いて現代生活に合わせた食器類を作陶。細かな線彫りを施した小物入れや、繊細な唐草を作陶する一方で、子ども用の小振りな椀も手がける。

あき陶器工房＝厚めの皿やマカイに、壺屋の唐草を基本とした絵付けを施す。ほかに、ゴブレットやマグカップ、カラカラなども手がける。年齢の若い職人のヤチムンに刺激を受けながら日々作陶する。

吉陶房＝青の絵付けが印象的な吉陶房は、食器や酒器を中心に作陶。唐草や魚紋が施されたそれらは静寂の中に力強さが感じられる。注文を受けて作陶するが、中には粉引きを手がけることもある。

大当窯＝家族でシーサーを作陶する。睨みをきかせたり、ニコっと笑顔を浮かべるなどさまざまな表情が揃う。洋服を描いたり、サッカーボールに前足をかけたり形そのものも種類豊富。

仲間陶房＝皿やマカイをメインに伝統的な絵付け、釉薬を用いて作陶。同時にアロマポットやワイングラスなども手がける。ミュージシャンとのコラボレーション作品づくりなど精力的に

第4章　沖縄ルート

活動する。

陶器工房　虫の音＝伝統的な技法と沖縄の釉薬を用い、皿やマカイ、カップ等を作陶。日常的に使いやすい形を目指している。力強くも繊細な印象の唐草は女性ならではの感性が見え隠れする。

工房綾＝唐草の雑器を主に作陶する工房綾。釉薬は伝統的な釉薬に少しアレンジを加えている。五角形の平皿はダイナミックで存在感がある。このほかマカイや湯呑、花器なども作陶。

志陶房＝鮮やかなブルーの掛け流しは「夏至南風（カーチベー）」という名のシリーズ。ミュージシャンの宮沢和史氏が名付けたそれは、独自でつくった釉薬を使い、沖縄の自然と季節の移ろいを表現。

陶工房きじむなぁ＝細かな彫りが印象的な陶工房きじむなぁ。カップやティーポット、茶器、酒器、花器などを作陶。このほかギャラリーショップでは、青やピンクの唐草を施したマカイやマグカップも販売。

琉球焼　南陶窯＝楽しいデザインと軽くて使いやすいという実用性も兼ねた作品にこだわる。全体的にはアジアの雰囲気を漂わせる皿やカップ、大振りな花器が多い。広いギャラリーは作品が豊富に並ぶ。

工房　十鶴＝コーヒー豆やサボテン、動物など個性的な絵付けが印象的だが、形は伝統的な皿やマカイが多く、沖縄の釉薬を使っている。コーヒーカップや馬上盃、蓋付きの小物入れなども作陶。

比嘉工房＝伝統的な技法を用い、土の赤や質感にこだわって作陶。カップなどは手に取った時のざらりとした土の感触が伝わるように、内側は釉薬で口当たりが良くなるように仕上げている。

299

工房　双子堂＝色とりどりのカップや皿を作陶するのは双子の姉妹。それまではアジアの雰囲気漂う作風だったが、沖縄で作陶するようになってから沖縄の花や鳥などを彫りや絵付けで表現している。

井口工房＝ヤチムンと言えばぽってりと厚いものが多いが、井口工房のマカイや皿は、薄くて軽い。使い勝手が良く、料理の邪魔をしたくないという姿勢は、シンプルな唐草の絵付けからも感じられる。

沖縄南の島陶芸工房＝陶器と琉球ガラス、陶器と紅型など、沖縄らしくて他にはない作品が特徴。器のほか、シーサー、龍、表札、洗面鉢も作陶。陶芸体験ではシーサーづくりや電動ロクロ体験ができる。

知・陶・庵＝長年、村内で作陶。以前は器やマグカップなどの雑器中心だったが、現在は細かな線彫りを施したランプシェードやオリジナルシーサーが多い。手が動くまま自由な発想で表現している。

やちむん漂窯＝北窯・松田共司工房での修行を経て独立。普段使いしやすいことを心がけながら食器や酒器を作陶する。主には点打ちなどの伝統的な技法を用いるが、実験的に新しいデザインにも挑戦中。

はんざ窯＝土作りから自ら行い、線彫り、象嵌、掛け流しなどの技法を用いて食器や壺などを作陶。「土、陶工、火」があってはじめて焼き物は完成するという考えのもとヤチムンの面白さを伝えている。

ノモ陶器製作所＝伝統をいかしつつ、自由な発想でマカイや皿、箸置きなど個性的な雑器を作陶している。力を抜いたゆったり

第4章　沖縄ルート

自然体の作風が魅力的。少人数制の陶芸教室も開催（事前に要問い合わせ）

ヤマモト工房＝県内の土を自らブレンドし、その質感や色味にこだわって作陶している。たたらの平皿や、ろくろを用いたカップなど、シンプルながら土の表情が堪能できる力強い存在感が魅力。

ヒネモスノタリ＝どこかノスタルジックな飴色の絵皿やカップのほか、指掻きや点打ちを用いた伝統的な雑器も作陶。「鑑賞用ではなく、食器として使ってほしい」と暮らしに根付いたヤチムンを目指す。

土工房　陶糸＝那覇市壺屋で修業を積み独立。その後、読谷村へ移窯。ろくろを使わず、手びねりやたたらで独創的な雑器を生み出す。一方で伝統的なシーサーも作陶。高みを目指し奮闘する。

工房マチヒコ＝常秀工房での修行を経て独立した町田智彦さんの作品は水玉や唐草模様など伝統的でありながらもモダンな印象。茶碗や皿、カップが中心でどれも暮らしに馴染み、飽きずに長く使えるものばかり。

301

読谷村のページだけでもずいぶん多くなりましたが、どうしても避けて通れない部分があるので、それを記載して次の村に進みます。

○生死を分けた二つのガマ

米軍の沖縄本島上陸の地となった読谷村では、村内各地のガマ（自然の鍾乳洞穴）や屋敷内の壕に多くの村民が恐怖を抱きながら潜んでいた。字波平にあるシムクガマには、約1,000人が避難しており、そこには2人のハワイ移民からの帰省者もいた。

4月1日の午後、米兵がガマへやってきて投降を呼びかけた時、2人はガマの中に日本兵がいないことを米兵に説明し、住民の保護を求めた。また、2人はガマにいる住民を説得し、米軍上陸直後の戦車の砲弾で死んだ3人を除き、全ての人々が無事に収容されていった。

その翌日の4月2日、同じ波平にあるチビチリガマでは、避難していた住民約140人のうち83人が「集団自決（強制集団死）」に追い込まれた。83人のうち約6割が18歳以下の子どもたちであり、「集団自決」は、皇民化教育、軍国主義教育によって強制された死であった。

不戦の誓い

人類の未来は常に明るいものでなければならない
それは全ての人類の共存、共生、協調の時代
核の脅威からの開放につながり
大自然と調和する人間の営みは、明日への活力を生む
沖縄の心、それは武器なき社会であり

第4章　沖縄ルート

武力によらず、人間相互の信頼と
文化文物の交易によって生きてきた
我々は、国家のために次また次へと
沖縄を犠牲にすることを拒む
決して攻撃せず、決して侵略せず
子らを再び戦場へ送らない
人類の未来は常に生命が大事にされなければならない
戦場で、惨禍に見舞われた人々に明日はなかった
降り注ぐ砲弾の雨のなか逃げ惑う人々の恐怖
生きる事への希望の芽は踏みつぶされ
その狂暴さは深く心に刻まれた
そのことを忘れない
巡りきた沖縄戦終結五〇周年を機会に
戦争による三千七百余の死者への弔いと
沖縄戦から学んだ教訓、それは非戦の誓いであり
ここに、あらためて恒久の平和を願い不戦を誓う
（1995年3月30日沖縄県読谷村、沖縄県読谷村議会）

沖縄県島尻郡北大東村(きただいとうそん)

北緯25度56分45秒　東経131度17分57秒
面積13km²　村人551人　財政力指数0.10

　村のある島々の中でも、飛び抜けて遠い両大東島は、沖縄本島から東に160キロも離れているので、飛行機で1時間以上、船では15時間ほどかかるのです。

　貧乏旅好家としては当然船で行くのですが、トマリンから何度もフェリーで出入港する際に、端っこの方で肩身も狭そうに荷役作業をしている船に「だいとう」と書いたのが見えて、まさかあんなちいさな船じゃないだろうなと思っていたら、まさかのまさかでした。

　だって近くの島に渡るフェリーから比べても、おとなと子供くらいの差があるのだから、不安になってしまいますが、今更中止にもできません。

　ところが出港当日の朝になってから、北大東島の役場から電話があって、「船のスケジュールが変更になったらし

第4章　沖縄ルート

いけど、どうしますか？」、なんて聞かれて困りました。先方も詳しくはわかっていないので、とりあえず港の事務所に出向きましたが、ここでも混乱しているのです。

　要は波のうねりが高くて、荷役ができるかどうかもわからない、ましてや人の乗り降りなどは保証できない、ということなのです。あまりにも不確定要素が多くて、事務所でも判断に迷っているのですが、現地で上陸できるにせよ、できないにせよ、同じ船で南大東島経由で那覇までは戻ってこられるはずですから、意を決して船に乗り込みました。

　定刻の17時に桟橋を離れた船は、空港を飛び立つ飛行機の下をくぐり、きれいな夕焼けに染まる沖縄本島を左手に見てしばらく進み、やがて真東に向けて大きなうねりの中を突き進んでいきました。

　あいにくと空には厚い雲がびっしりで、期待していた天の川を見ることもできずに、早めに寝てしまうことにしましたが、船が小さいだけあって揺れ方もすごいのです。

　タッピングにローリングが混じって、猛烈に複雑な動きを見せるのですが、私は大西洋で8メートルの人波をも乗り越えてきましたから、ぐっすりと寝られました。

　翌朝のデッキで驚いたのは、手すりといわず舷側といわず、外にむき出しになっている部分にはびっしりと塩がかたまりになって付着していることでした。船にとっては厄介者でしかないのでしょうが、たとえば目の細かいネットを用意しておけば、一晩でなんキロかの海塩は確実にとれるでしょう。ビジネスとして成り立つかどうかはわかりませんが、あれらの純粋な自然塩をそのまま洗い流してしま

305

うのは、ちょっともったいない気がしましたね。

　やがて船の進行方向に同じような形をした大小の島が見えてきて、小さな方の北大東島の中央には白亜の灯台がそびえています。おそらく国際的に決められているであろうリズムにしたがって、純白の光を投げている灯台ですが、やがて朝日が後ろから昇ってくると、その灯台とみごとに重なり合って、まるで後光が射しているかのように素晴らしい光のシンフォニーを奏で始めました。自然現象と人工美が渾然一体となった競演が見られただけでも、船賃は取り戻したような気分になれた素敵な朝でした。

　更に船が進んでいくと、切り立った崖が続く一角だけが削られて、コンクリートの波止場になっているのが見えてきましたが、妙に薄ら寒く感じるわけは、大きなクレーン車とコンテナがあって、それだけしかないからです。どこの船着き場にも共通している移動式タラップもない殺風景なスペースの奥には、大きな鳥かごみたいなものが置いてあって、あとは十数人の作業員がいるばかり。

　いよいよコンクリートの波止場に近づくと、いかにも邪魔なところにいるなあと思わせていた小さなボートが船からのロープを受け取り、沖の方に運んでいって目印のあるアンカーに結び、もう一度離れた場所で同じ作業を繰り返し、最終的には2本の太い引き綱で船が波止場とは反対側にしっかりと係留される形となったのです。

　船の舳先からは手投げで2本、艫からはガンで発射された2本のロープがそれぞれに波止場につながれて、結局のところ本船は6本の引き綱でつなぎ止められる形となった

306

のだけれど、それらのロープは船の揺れに伴って、可哀想
なほどにぴーんと張られ、次には甘やかされるかのように
ダラーンとゆるめられるの連続であって、世界広しといえ
どもあれほどの働きを見せるロープ君達は他では見られな
いでしょう。

　その固定された位置はコンクリ波止場から10メートルほ
ど離れたところという、まことに中途半端な状態で、相変
わらず船は大きなうねりに翻弄され揺れ続けているのであっ
て、防波堤も作れない外海に面した波止場では、あれしか
荷役作業の方法はないだろうと、妙に納得させられる接岸
方法ではありました。

　波止場から伸ばされたクレーンがデッキに達すると、手
荷物を持った下船客が、いかにも場違いに見える大きな鳥
かごに入って吊られていくではありませんか。3人ばかり
の島民が当たり前みたいな顔つきでカゴの人となり、大き
なクレーンで吊られて運ばれるのを見てコーフンしている
のは私ばかりで、作業員も船員も不思議でもなんでもない
表情をしているのが不思議でした。

　その後にコンテナなどの荷物を積み込み、最後にもう一
度鳥カゴを付けての乗船客の乗り込みがあって作業は完結
です。

　こんなことなら私も最初の下船客カゴで上陸して、白転
車で村役場に走ってすぐに引き返し、最後の乗船カゴで戻
るのも可能だったと思いましたが、それも現地に来てから
わかったことであって、揺れ続ける船から島を眺めるだけ
で終わってしまった北大東島訪問でした。

この作業中に新たな情報がもたらされ、低気圧が接近しているせいで南で一泊の予定が4時間の停泊となったとのこと、それでもカゴに乗せられての上陸はできるみたいで、ああ、楽しみ。

北大東村 情報

ホエールウォッチング＝他の地域ではなかなか見られない貴重な生き物や植物に出会える北大東島の中でも大きな目玉と言えるホエールウォッチング。毎年1月〜 4月まで訪れるザトウクジラは運が良ければ海岸から間近で見ることもできるという、まさに外洋に面した島ならではの贅沢な体験。

金刀比羅宮（ことひらぐう）＝沖縄では珍しいこんぴらさん、えびすさんが祀られている神社は四国・香川県の金刀比羅宮を勧請したもの。例年体育の日前後に航海安全と豊漁を祈願するお祭りが開催され、境内では島の子どもたちによる相撲が奉納されます。

玉置半右衛門の碑（たまおきはんえもんのひ）＝北大東島の開拓者、玉置半右衛門の功績を讃えた記念碑。毎年11月1日にはその遺徳を偲んで有志により例祭が行われます。

西港へと下る坂道の途中に位置しているので、展望スペースから夕陽を眺めるのもおすすめ。高台への階段はのぼると息が上がるのでちょっとした運動にも。

燐鉱石貯蔵庫跡（りんこうせきちょぞうこあと）＝大正7年（1918年）から昭和25年（1950年）まで島を活況に導いた燐光の採掘。最盛期には1人1日平均2トンの採掘量を誇り、人口

第4章 沖縄ルート

も2700人までに膨らんだものの、戦後、米軍管轄下に置かれたのち、昭和25年（1950年）には閉山し、燐光施設と社宅街は大半が滅失したり、損壊して廃墟となりました。

西港から少し坂をのぼったところで姿を現す燐鉱石貯蔵庫の遺構は異国情緒に満ち溢れ、まるでヨーロッパの遺跡のような風情を醸し出しています。この燐鉱石貯蔵庫を含む燐鉱山の一帯は、平成29年（2017年）2月に、国指定の史跡として登録されており、のどかな北大東島の風景とはひと味違う趣は、廃墟マニアの注目を集めること間違いなしの名所です。

大東宮（だいとうぐう）＝開拓当初、製糖事業を営む玉置商会によって建立された大東宮は、天照大神を奉安し、100年あまり島の産土神として祀られています。最初に建立されていたのは現在の黄金山の山頂にあたる部分で、大正8年（1919年）、燐鉱の露頭が発見され、採掘のため、現在位置に遷座したという歴史も。

9月22日から23日にかけて行われる、例祭は北大東島一の大きな行事。夜になると天然記念物であるダイトウオオコウモリが飛び回るなど、島のありのままの自然を感じられるスポットです。

屏風岩（びょうぶいわ）＝北大東島を上空から眺めると確認できる、円形に覆われた岩壁は島が隆起サンゴ礁から成り立っていることを示すもの。島の中心部が盆地状になっていて、周囲部より標高が低いという不思議な地形が、島の誕生とその歴史を物語っています。

長幕（ながまく）＝北大東島特有の地形である長幕は国から天然記念物指定を受ける、まさに自然が作り出した宝物。特にこ

の長幕一体の植物群落ではダイトウワダン、ダイトウビロウなどの固有種が見られる他、ヒメタニワタリが発見されるなど植物地理学上、大きな価値を持っています。

　隆起珊瑚礁地帯がぐるりと環状を描き、南部では屏風を立てたように続いているため、内陸部からは海が見えないという不思議な現象が。標高の高低差があるため農作物の出来も内幕、外幕では変わると言われるくらい、北大東島の個性を物語る特徴の1つです。

沖縄海（おきなわうみ）＝同じ沖縄県でありながら、「まるで沖縄の海のよう」とその名がついた沖縄海。断崖絶壁に囲まれ、他の島々のようなリーフやビーチが見られないため、人工的に創られた潮だまりがここ。

　波が穏やかな日は海水浴や水遊びを楽しむことができます。澄んだブルーの海を間近にすると、時が経つのを忘れてしまいそうに。

沖縄最東端之碑（おきなわさいとうたんのひ）＝沖縄最東端の島、北大東島の中でさらに最東端であることを示す碑。陸地のギリギリの際に位置しているので、すぐ目の前には外洋を臨むことができます。

　北大東空港の滑走路のそばというロケーションでもあるため、タイミングが合えば那覇や南大東島と行きかう飛行機の発着陸を間近で目撃できるかも。

第4章 沖縄ルート

沖縄県島尻郡南大東村(みなみだいとうそん)

北緯25度49分43秒　東経131度13分55秒
面積30k㎡　村人1238人　財政力指数0.15

　ずっと昔に「アイフル大作戦」なんてテレビ番組がありましたが、まさに南大東島はアイフルアイランドでした。

　崖を削って作られたコンクリ打ちっぱなし波止場に大きなクレーン車、2台のフォークリフトといくつかのコンテナ、乗客待合所と例の巨大鳥かごがあって、そこまでは北と同じ風景でしたが、違っているのはすぐ近くに建物が見えることで、それだけでもずいぶんと開けた感じがするものです。

　船はやはり岸壁から10メートルほどのところに係留されて、左右に大きく揺れ続けているのですが、そんな船の後部デッキに鳥カゴがおろされました。

　意外とヤワな造りの鳥カゴに8人ほど乗り込むと、気休めのロックが外からかけられて4本の吊り上げロープがピ

ンと張ります。緊張する間もなくカゴが揺れて持ち上がると、にわか運命共同体の8人を乗せたままで横にスライド、打ち寄せる波の音の中であっけないほど静かに待合所の横にソフトランディング。

　この間、ものの十数秒ですが、そんじょそこらの絶叫マシンよりはよっぽど楽しめた感じです。もっとも絶叫マシンは、年齢制限で乗れないのですが‥‥。

　サービスで船の上をグルッと一回りでもしてくれたら最高なのだけど、アトラクションじゃないからそこまでは望めないですね。それでも町工場で作ったような危なっかしいケージに詰め込まれ、大揺れの船からクレーンで吊られて上陸するなんて経験はここでしかできないものだから、船賃の何割かは取り戻した気がしました。

　ところでこの島は、波止場からいきなりの急な上り坂になっていて面食らいました。聞けば島全体の周縁部が高く、内側に向かって低いスリバチ状になっているとのことで、いきなりの自転車押し歩き。

　役場で聞くと、一番の見どころは星野洞という鍾乳洞だが、見物には予約が必要とのこと、早速に電話をすると3時なら係員が行って見られるようにするとの返事でしたが、それでは船に間に合わないのです。

　そう事情を話すと、それなら工事関係者が1時に開けるから、そう言って中を見学してくださいとのことでした。他にも海軍棒プールとかサトウキビ列車とレール跡、ラム酒工場など、面白そうな場所はいっぱいあるけれど、船への帰り道と時間を考えると星野洞しか見られないのです。

312

第4章 沖縄ルート

　ちょうど昼時だったので、名物の大東そばを食べます。もうひとつの名物の大東寿司も食べたかったけれど、若い頃と違って量が食べられないから断念して、赤土のサトウキビ畑が延々と続く中を、不安を感じながら半時間走りました。

　畑の中にぽつんと看板があり、まだ作業員がお昼休みから帰ってこないので待機したのですが、その間にも緊張から解放されないのは、今にもハブがサトウキビ畑からニョロニョロと這い出て来そうな雰囲気が濃厚に漂っているせいです。

　やがて作業員が来たので、職長さんに断って一緒に洞内に入れましたが、なだらかに下っていく入り口部分からムードが一変、中は湿度が異常に高くて他の鍾乳洞とはまったく様子が異なっているのです。

　説明を聞けばそれもそのはず、他のところは生長を終えたいわば死んだ鍾乳石の洞窟だが、ここ星野洞は今まさに生きていて、まだ成長を続けている過程だとのことで、道理でなまめかしいほどの艶めきがあるはずだと納得しました。

　乳白色の鍾乳石が天井から垂れ下がり、あるいは地からニョキニョキと突き立っている情景はみごとで、それが千坪もの空間に広がっているのだから、日本が誇る世界的な名所と言っても過言ではないと思います。

　船の時間もあるので、あまり奥までは入れなかったのですが、それでも生きている鍾乳洞の成長の歴史の一瞬に立ち会ったよろこびは深く大きかったのでした。

　120を越える数があり、一家にひとつは鍾乳洞を持って

313

いるといわれる南大東島でも、ケービングツアーのできる
秋葉地底湖と並んで星野洞は双璧でしょう。

　ふたたび鳥カゴに吊られて船に乗った私は、冷房の利き
すぎるロビーを逃れるようにデッキに出て、月明かりに輝
く航跡をいつまでも見つめているのでありました。

南大東村 情報

海軍棒プール＝太平洋一体型くり抜きプール。海水は、潮の満
ち引きにより入れかわります。波と一緒に魚も入ってくるので
シュノーケリングに最適。

日の丸山展望台＝島で一番高い場所。360度、島中が見渡せま
す。天気の良い日には、北大東島が見えます。

塩屋海岸プール＝海軍棒プール同様、太平洋一体型くり抜きプー
ル。浅いので小さなお子様向けですが、滑りやすいので注意！

夕日の広場＝夕日の絶景ポイントで、夕日を見た後は星空が絶
景。5月〜6月は、一面ひまわり畑になります。

星野洞＝サンゴ礁が隆起してできた南大東島には、120を超え
る鍾乳洞があるといわれています。中でも最大規模の「星野洞」
は、長さ375m・約1000坪の大空間に、つらら型やカーテン
状などの美しい鍾乳石が連なり、神秘的な席へと誘います。

南大東漁港＝島をくり抜いて作った避難港。スケールの大きさ
に圧倒されます。

バリバリ岩＝地殻変動で岩が裂けた場所。せまい空間なので、
正午ごろが明るくオススメ時間です。滑りやすいので注意。

ケービングツアー（秋葉地底湖）＝手つかずの鍾乳洞を探検！

約3時間コース7500円。

※私有地なので無断での立ち入り禁止。

ラム酒工場＝旧大東空港跡にあるグレイス・ラムはサトウキビのお酒、ラム酒の製造工場。見学・試飲可能！

線路跡＝昭和58年までサトウキビ運搬用に汽車が走っていたことから、現在も線路跡が残っています。

　寡聞にして知りませんでしたが、ここ南大東島でも映画が撮影されたそうで、ホムペ情報として載せます。

「旅立ちの島唄〜十五の春〜」

沖縄本島から東へ360kmにある絶海の孤島・南大東島。子どもたちは高校進学のため、15歳で島を出て家族と離れて暮らさねばならない。少女民謡グループ"ボロジノ娘"は、毎年別れの唄「アバヨーイ」を歌い、島を旅立っていく。

　「明日から、ボロジノ娘は優奈がリーダーだからね」先輩・文香（野吾沙織）から、そう肩をたたかれた優奈（三吉彩花）。そうして、優奈が島で過ごす最後の一年が始まった。

　兄・正志（小久保寿人）、姉・美奈（早織）、そして美奈の進学に合わせて母・明美（大竹しのぶ）もが島を出て以来、優奈はさとうきび農家を営む島人の父・利治（小林薫）とずっとふたり暮らし。明美とはもう1年近く会っていない。

　ある日、姉の美奈が赤ん坊のメイを連れて島に帰って来る。夫の克也（若葉竜也）となにかあったのだろうか。何の理由も告げずに家に暮らし始める美奈。

　南大東島と北大東島が島をあげて戦う一大イベント、南北親善競技大会。優奈と親友のチーロ（山本舞子）は落ち着かない。

気になるひとが、北大東島からやってくるのだ。長身のスポーツ青年、健斗（手島隆寛）。優奈は健斗から住所を渡され、携帯電話を持たないふたりの手紙による"遠距離恋愛"が始まった。

　ある日、優奈はボロジノ娘として南大東島のPRで那覇にいた。優奈が演奏しているイベントへ駆けつける正志と明美。「三線、うまくなったね」「……うん」少しぎこちないお母との会話。お母の家へ着くと、そこに明美の恋人らしい人、金城（普久原明）がやってくる。動揺し、家を飛び出す優奈。

　ある日、優奈は健斗が島に残るらしいという話を聞く。いてもたってもいられず、優奈は、北大東島へと向かう。「俺たちもう、会えないかもな」。健斗は優奈との高校進学の夢を諦め、父の仕事を継ぐことを決めていた。逃れることのできない離島の現実。傷心して戻ってきた優奈を、利治が何も言わずに迎えてくれた。

　優奈が通う民謡教室で新垣先生との「アバヨーイ」の練習。「この歌は泣いて歌ったら価値ないからさ、堪えて歌うんだよ」。卒業の日が、刻一刻と近づいてくる。

　高校の面接のために、優奈と利治は那覇へ。その夜、家族全員で久しぶりに夕食を囲んだ。優奈は自身の決意を家族に伝える。「私、ひとり暮らししたい。ひとりで大丈夫。だから、お母は島に帰って」。気まずい空気が流れ、「お父とお母、離婚することにしたから」と利治が言う。なんで？　みんなで一緒に大きなおうちに住もうよ……。優奈の声がむなしく響く。

　そして、ついにやってきた卒業コンサートの日。お父とお母が見守るなか、優奈は別れの島唄「アバヨーイ」を歌うためにステージへと向かう。

　家族への想いを込めて……。

第4章 沖縄ルート

沖縄県島尻郡座間味村(ざまみそん)
北緯26度13分44秒　東経127度18分12秒
面積16k㎡　村人860人　財政力指数0.10

　フェリーと高速船合わせて、一日に往復それぞれ3便あるのでのんびりしていたら、波が高くて高速船の2便が欠航となってしまいました。だから予定を変更して、高速船で行ってフェリーで帰ることにしたのです。これだと座間味島の滞在が4時間ほどになってしまうのですが、結果的にはオーライでした。

　まず高速船が素敵に飛ばしてくれたのはいいのですが、デッキで海風に吹かれていようなんてロマンチックな思惑はすぐにすっ飛んでしまいました。息もできないくらいに風が吹き付ける上に、波しぶきがデッキを洗うような状況に、私以外にも数人いた外好き人間はやがて誰もいなくなってしまったのでした。

　波止場から直線距離で100メートルほどの村役場まで、

車もすれ違えないほどの細い道を愛車ダホーンで走ってた
どり着くと、観光課は港にあるという、これまたデジャブ
なご対応です。

　一応見どころを聞くと、たちどころに古座間味浜と答え
るから、迷わず行くことに決めたのですが、楽な道ではあ
りませんでした。

　平坦な海沿いの道であってくれとの願いも空しく、行く
手には標高83メートルへの急坂がそびえ立っていて、よっ
ぽど断念しようかとも思ったのですが、それではなんの報
告もできないから、例によって自転車を押して登りました。

　地元のおじさんの「日本一の浜だよ」との声を励みに、
ようやく峠に出て、あとは海に向かってなだれ落ちていく
ばかり。

　結論から言えば、桂浜の間が抜けたような感じで、どう
ひいき目に見ても日本一じゃあないと思うけれど、それな
りの雰囲気はかもしだしていました。

　帰りにお弁当屋さんで「マグロのづけとイカ丼」を食べ
ましたが、あまりのうまさにびっくり仰天です。ちょっと
醤油味のしみこんだ魚肉くらいの認識しか持っていなかっ
たのですが、こちらのヅケはとろーり濃厚で、まさに目か
ら鱗。あんなにうまいマグロのヅケは、東京では食べられ
ないのでしょうね。

　帰りのフェリーが揺れて揺れて、前デッキにいれば波し
ぶきの洗礼、これじゃあ二回りも小さな高速船はとても走
れないだろうと妙に納得しました。

　これでめでたく、沖縄にある全19村を踏破したわけで、

第4章　沖縄ルート

別にえらくはないけれど、自分で自分を褒めたい気持ちにはなりましたとさ。めでたしめでたし‥‥。

HP情報

慶良間諸島は大小約20の島々から成り立つ離島です。3つの有人島がありますが、その中でも多くの観光客が訪れる島が、阿嘉島、渡嘉敷島、座間味島になります。

阿嘉島＝島内のほとんどを森林原野におおわれた阿嘉島は、天然記念物。ケラマジカも生息している豊かな自然に恵まれた島。中岳頂上の展望台からは、エメラルドグリーンに輝く美しい海を、360度の大パノラマで一望できます。人の手も加わらず自然のままで、美しい海を十分に堪能できるニシバマビーチをはじめ、周辺にも変化に富んだダイビングポイントが点在しており、何度訪れても新しい発見と感動に出会える地です。

座間味島＝周囲約24kmの座間味島は、沖縄でも有数のダイビングのメッカ。透明度の高い海は、さまざまな表情を見せ、ダイバー達を魅了する。古座間味ビーチやキャンプ場のある阿真ビーチは、白砂とエメラルドグリーンのコントラストが美しい。ホエールウォッチングのポイントとしても注目を集めており、冬期には豪快なザトウクジラのブリーチングなどの奇跡を見物できます。

慶良間島＝ケラマ空港がある外地島や定期船の入る阿嘉島と橋で結ばれた、小さな島が慶良間島です。周囲5kmの島を囲むサンゴ礁と白砂のビーチはほとんど手つかずのまま残っており、自然の豊かさに包まれます。

番外エッセイ　勝手に沖縄ナンバーワン

宿泊‥‥2018年秋の段階では、間違いなくcamcam沖縄が最安値の宿だと思う。ドミトリーで1500円、天井下の畳スペースが800円というのは、奇跡的な安さだ。もちろん高級ホテルなみの快適さは望めないが、私みたいに手足を伸ばして寝られさえすれば御の字という者にとっては天国だ。

　秋口の那覇は過ごしやすくて、寝袋ひとつで快適だったが、真夏は天国というわけにはいかないのだろうと、想像するだにおそろしい。

居酒屋‥‥抱瓶（だちびん）がお勧めで、私はほとんどの夕食をここで食べた。量が多いものは半分にしてもらったりのわがままを聞いてもらい、オリオンノンアルビールを飲んだ。美味しい料理が多いが、中でも海ぶどうは絶品で、あんなに新鮮でプチプチとした逸品は他では食べられない。お酒も種類が多く揃っているが、ほとんどの人が泡盛を飲んでいるみたいだった。

大衆の味‥‥「家庭料理の味24Hオープンいちぎん食堂」はメニューが豊富で、私は伊勢エビとステーキ盛り合わせを食べた。他にも和風、中華風、無国籍風なんでもござれで、食べて良し飲んで良しのお店だ。

沖縄そば‥‥camcam沖縄近くの「やまや」の沖縄そばはうまい。他のところでは、ヤギくさいというか、なんというか、ちょっと独特の香りが鼻についてなじめなかったりもするが、ここのスープも麺も具もシンプルなのに美味しくて、関東人の口にも合うだろう。お肉の入ったのもある

が、野菜そばがオススメだ。それじゃあ、沖縄そばじゃないだろうという声が、どこからか聞こえてくるような気もするけど。

カフェバー‥‥カリプソというかキューバンミュージックというか、そんなノリのいい曲が道ばたまで聞こえてくるのが、抱瓶をモノレールの反対方向に二区画ほど歩いた角の店で、二階にある店の名前は失念したが、シックな調度とハバナ葉巻の取り合わせがシック。マスターは青雲の志をもって目指した政治家への道を挫折、ハバナで本格的にモヒートの作り方を勉強してきたという変わり者で、本場仕込みのモヒートはそんじょそこらで飲まされるのとはまったく違ってグレードが高い。私が禁酒中だというと、アルコール抜きでモヒートを作ってくれたが、思わずおかわりをするほどのおいしさで、お酒は飲めないけれど本格的なモヒートは飲んでみたいという人は、迷わず那覇に飛んでこの店に入り浸ること。もちろんアルコール入りのモヒートもあるし、ハバナから輸入した本物の葉巻も売っているから、マスターにマナーを教わりながら、ゲバラ気分で紫煙をくゆらせてみるのもいいかも。ただし葉巻は、生半可な知識でおもしろ半分には吸わない方がいいかも知れない。

食べ放題‥‥県庁向かいのパレットビルに「沖縄菜園ビュッフェカラカラ」というお店があって、ランチメニューがおよそ80品目あって圧巻。シニア料金1200円は恐れ入るが、太っ腹なのは時間無制限というあたり。野菜サラダ、揚げ物ご飯もの、そば類、パスタをはじめ、豚しゃぶからグルクンの唐揚げまであり、デザート類もバラエティに富んで

いる。若い頃のようにはたくさん食べられなくなった私だが、それでも松茸ご飯にカレーをかけたり、エスプレッソにソフトクリームをたっぷりのせたりの罰当たりな贅沢をしてやったぞ、ワイルドだろー。ディナーはもっと品数が増えるとのこと、その分料金も上がるが、それでもシニア1400円だから、健啖家ならずとも充分に元が取れるだろう。

オープンスペース‥‥同じパレットビルの屋上は、南国の樹木と草花がいっぱいで、とても気持ちがいい。安全のために高い壁が巡らされているから、眼下に街を見下ろすことはできないが、それでも那覇の青空を一人占めすればリフレッシュできること間違いない。いつ落ちるかわからずに危なくて仕方ないジェット戦闘機の轟音が響かなければ、あそこは天国だろうに。

おやつ‥‥国際通り「わしたショップ」だけで売っている琉球だんごは3種類あって、どれも美味しい、だろうと思う。私は食べ放題直後でおなかがいっぱいだったから、シークワーサーだんごだけ食べたが、「ひんや～り、トロ～リ、ノド越しがクセになる」のうたい文句通り、とても美味しかった。ノドに詰まったり誤嚥を起こしそうになる乾き物おやつが多い中、餡をくるんだ皮がなめらかなアンでくるまれている琉球だんごは、ノドに詰まらないというだけでも安心だ。ただし三日しか日持ちしないので、おみやげというわけにはいかない。店前のベンチで食すべし。

おみやげ‥‥国際通りだけでなく、沖縄各地におみやげやさんがあり、人それぞれに好みもあって、いろんな品を選ぶのだろうが、あえて個人的にナンバーワンのおみやげをあげろと言われたら、かんざしだ。娘にびんぞめ風の暖簾

第4章　沖縄ルート

か、かんざしかのどちらがいいかと聞くと即座に後者を選んだ。和風な髪だけでなく、洋風なヘアーにも飾りようによっては素敵に映えるかんざしは、送る人のセンスをもはっきりと映し出すことだろう。

あとがき

　日本を勝手に北・東・西・南に分割して、そのうちの南日本編を書き終えました。私としてはできる限りの情報を入れたつもりですが、村ごとに偏った情報が入っているのは、よく見かけるガイドブックみたいに総花的な内容にしたくなかったからです。

　それなら他の本にはない際だった出来映えになっているかと問われると、さあ、どうでしょうか。

　けれども間違いなく言えるのは、本書を上梓する段階では、村に限定した情報専門書が皆無だということで、その一点においてパイオニアであるには違いありません。それがどうしたと言われても、困りますが。本文の中でも触れましたが、私が日本の村を余さず紹介したいと思うのは、小さくてもキラリと輝くような愛すべき村たちを、みなさんにも知ってもらうだけでなく、実際に訪れてほしいからです。特に目的もなく、あるいは何らかの目的を持って、とりあえず一番近くの村を訪れて見ましょう。きっと、思いがけない嬉しい出会いがあるに違いありません。

　この本の売れ行きにかかわらず、残った3地域も情報を満載して出版するつもりでいます。応援してください。

川合 宣雄

◆著者略歴

川合 宣雄 (かわい のりお)

昭和22年の立川生まれで立川育ち。海外を旅することが多かったが、歳を重ねてからはそんな元気もなくなり、もっぱら日本に183ある村めぐりに注力する。村の探訪記を書くだけではなく、全村に共通する課題克服と発展向上に寄与できないかも真剣に考えている村ライター。
著書に『「女性向け護身術」に噛みつく』『みすゞのわかれ童謡（うた）』『魏志倭人伝18の謎・邪馬台国は熊本の○○（ペンネームでの出版）』などの他、『旅好家とめぐる日本183村・前編』や『旅好家とめぐるパリ・モンサンミッシェル』などの作品がある（ごま書房新社刊）。

愛すべき南日本の村たち
四国・九州・沖縄44村の情報がいっぱい

2024年9月1日　初版第1刷発行

著　者	川合 宣雄
発行者	池田 雅行
発行所	株式会社 ごま書房新社
	〒167-0051
	東京都杉並区荻窪4-32-3
	AKオギクボビル201
	TEL 03-6910-0481（代）
	FAX 03-6910-0482
カバーデザイン	（株）オセロ 大谷 治之
DTP	海谷 千加子
印刷・製本	精文堂印刷株式会社

© Norio Kawai, 2024, Printed in Japan
ISBN978-4-341-08871-2 C0095

ごま書房新社のホームページ
https://gomashobo.com
※または、「ごま書房新社」で検索